龙舟赛
lóng zhōu sài
dragon boat races

新年快乐!
Xīn nián kuài lè!
Happy New Year!

书法
shū fǎ
calligraphy

三轮车
sān lún chē
pedicab/trishaw

粽子
zòng zi
rice dumplings

饺子
jiǎo zi
boiled dumplings

在中国很容易上网。
Zài Zhōng guó hěn róng yì shàng wǎng.
It is easy to get online in China.

MANDARIN CHINESE

PICTURE DICTIONARY

LEARN 1,500 CHINESE WORDS AND PHRASES

Yi Ren

TUTTLE Publishing

Tokyo | Rutland, Vermont | Singapore

Contents

A Basic Introduction to Mandarin Chinese

This illustrated dictionary presents 1,500 frequently-used Mandarin Chinese words and phrases, including those that students need to know to pass the Advanced Placement Chinese Language and Culture Exam, and Levels 1–3 of the official HSK government proficiency exams. The dictionary is organized into 38 themes, each of which presents 25–35 words. Each section also has five to eight sentences demonstrating the usage of the words. The words and sentences in the dictionary all appear in the following order: Chinese characters (*Hanzi*), followed by the pronunciation in standard *Hanyu Pinyin* romanized form, followed by the English meaning.

The Chinese characters

It is often said that Chinese characters (**Hànzì** 汉字) are pictographs or ideographs, meaning that they literally represent a picture or an idea of something in stylized form. Long ago, this may have been true, and it is still true for a small number of basic characters, though most of these characters have changed quite a bit over time. Here are some examples to give you an idea of how these characters have changed:

Oracle Bone Script	Bronze Inscriptions	Small Seal Script	Traditional Character	Simplified Character	Pinyin	Meaning
			日	日	**rì**	sun, day
			馬	马	**mǎ**	horse
			水	水	**shuǐ**	water
			林	林	**lín**	forest

Most Chinese characters quickly evolved towards abstraction, as different elements or pieces of characters were combined or fused together to form new characters that no longer provided a literal picture of something. As a result, only about 4-5% of the Chinese characters currently in use are actually pictographs or ideographs. Most of the characters are more abstract in nature, although certain elements of the characters may retain a core pictographic meaning.

For example, the character **shù** 树, meaning "tree," has the pictographic character **mù** 木 (representing a tree) on the left side of it. In fact, many characters having to do with wood or things made of wood contain the **mù** 木 element (this is commonly referred to as a "radical" or "root"). Here are some examples: **lín** 林 (*forest*), **lán** 栏 (*railing*), **yǐ** 椅 (*chair*), and **bǎn** 板 (*plank, board*). Sometimes in the modern meaning, the link to "wood" can be hard to see, however. For example, **duǒ** 朵 has the 木 radical, but means "earlobe". It is used in combination with the character **ěr** 耳 to mean "ear" (**ěrduō** 耳朵). The old meaning of **duǒ** 朵, however, is "flower" or "blossom," like one you would see on a tree or bush. An earlobe might thus be thought of as "the flower of the ear."

One reason Chinese characters became more abstract has to do with pronunciation. The Chinese language long ago developed different regional dialects which over time became separate languages—as different from one another as the languages of Europe. As these languages changed and new words developed, people needed to know how to pronounce the characters used for those words. Thus, for example, an existing character which had the sound **shù** 尌 was added to **mù** 木 to represent a new word meaning "tree" which was pronounced as **shù** 樹. Here, the element 木 indicates that 樹 means "tree," while the element 尌 shows how it is pronounced—as **shù**. In more recent times, the complicated traditional form 樹 was simplified to 树. Today, about 80% of all Chinese characters combine a semantic element (something which gives meaning) and a phonetic element (something which gives a clue to pronunciation). Here are some examples:

water radical 氵 (a variation of 水) + phonetic **yáng** 羊 (*sheep*) = **yáng** 洋 (*ocean*)

woman radical 女 + phonetic **mǎ** 马 (*horse*) = **mā** 妈 (*mother*)

rain radical 雨 + phonetic **lìng** 令 (*to order*) = **líng** 零 (*falling [rain]; zero*)

grass radical 艹 (from the old character 艸) + phonetic **huà** 化 (*to change*) = **huā** 花 (*flower*)

In the characters above, the phonetic element adds nothing to the meaning: it just provides the sound.

As they became more complicated, Chinese characters also became more difficult to learn and remember, as well as more difficult and time-consuming to write. The process of using simplified or shorthand forms for the characters had been going on for a long time, and was accelerated dramatically in the 1950s and '60s by the Chinese government, which created simpler versions of many characters—now called "Simplified Chinese Characters"—to promote literacy in China. Under this new system, many common Hanzi elements were simplified.

For example, when **yán** 言 (*to speak*) is used as a part of another character, it is rendered as 讠 and not 言 . Thus, the traditional character **qǐng** 請 ("please") which has **yán** 言 on the left side is now written as 请. In other cases, whole characters were simplified. For instance, the commonly used counting word **gè** 個 has been changed to 个, and **jǐ** 幾 (*many*) has been changed to 几 (this character can also mean "table"). Here are some other examples of traditional and simplified forms of characters: 麼 → 么 **me** (*what?*); 興 → 兴 **xìng** (*mood*); 問 → 问 **wèn** (*to ask; question*); and 兒 → 儿 **ér** (*child*).

Writing Chinese characters

Each **Hànzì** character is made up of a number of individual lines or "strokes" that were traditionally written using a brush and ink. The order of strokes, along with the writing of the strokes themselves, follows the convention of top to bottom and left to right, although there are some exceptions. Not all strokes are in a single line; some involve a change of direction. For example, the character **yuè** 月 (meaning "moon" or "month") has only four strokes, and is written:

丿 刀 月 月

Note that the second stroke begins at the left, and then hooks straight down. It should be written in one continuous motion, without the pen or pencil leaving the paper.

If a character has multiple components, the general rule is to go from left to right, and from top to bottom. For example, this is the stroke order for the character **qǐng** 请 (*please*):

丶 讠 讠 讠 讠 请 请 请 请

Sometimes, one element of a character encloses another character. The general rule is that you write the enclosing element first, except for the final closing stroke, which is written last. For example, **guó** 国 (country):

丨 冂 冂 月 用 国 国 国

Finally, some characters have an element that encloses another element, but only on the left and the bottom. In this case, you usually write the enclosing character last. An example is **sòng** 送 (to send):

丶 丷 兰 兰 关 关 关 送 送

Word formation in Chinese

In most cases in Chinese, **Hànzì** are not used alone to form words. Rather, words are formed with two or sometimes three **Hànzì**. In some cases, the same **Hànzì** is just repeated. This is particularly true of family names, such as **māma** 妈妈 (*mother*), **bàba** 爸爸 (*father*) and **dìdi** 弟弟 (*younger brother*). In other cases, the Chinese characters form compound nouns just as in English, for example, **gāoxìng** 高兴 ("high spirits," i.e., *joyful*), **qǐchuáng** 起床 ("rise up [from] bed," i.e., *wake up*) and **dòuyá** 豆芽 (*bean sprouts*). Finally, there are many cases where both **Hànzì** characters in a word have the same or very similar meanings, for example, **yāoqiú** 要求 (*to request*), **xuéxí** 学习 (*to study*), and **wǔdǎo** 舞蹈 (*dance*). In such cases, you may only need to know one of the characters in the compound to guess the meaning of the word from context.

Learning the characters

The traditional method of learning Chinese characters is to write them over and over again thousands of times, until they stick in your memory. Rote memorization is still required to some extent, no matter what. But it also helps a great deal if you learn the **Hànzì**, either individually or in combinations, as parts of words or phrases. And, of course, it is always better if you are able to spend time in a Chinese-speaking country where you are seeing and using the characters all the time. It is also useful to associate the meaning and pronunciation of each character with a memorable story or picture (these are called "mnemonics"). Just to give you an example of how this works, the character **qǐng** 请 (*please*) is made of the elements **yán** 言 (*to speak*) and **qīng** 青 (*green*). Through visualization or through a story, you can link **yán** 言 (*to speak*) and **qīng** 青 (*green*) in a way that will help you remember that these two elements combine to mean **qǐng** 请 (*please*). Learning Chinese characters is a bit like a puzzle or game and it can be quite fun! There are many books and flash cards on the market that use mnemonic devices such as these to help you learn the **Hànzì**.

The *Hanyu Pinyin* alphabet

The system used in this book for romanizing the Chinese language is the standard *Hanyu Pinyin* alphabet. In this system, Latin letters are used. Most them have pronunciations quite close to the sounds they have in English words:

Pinyin	Pronunciation	Chinese example	English meaning
a	"a" as in c<u>a</u>r	**kàn** 看	to look
b	"b" as in <u>b</u>aby	**bóbo** 伯伯	older brother
ch	"ch" as in <u>ch</u>ange	**chuānghù** 窗户	window
d	"d" as in <u>d</u>ad	**dà** 大	large
f	"f" as in <u>f</u>at	**fēn** 分	cent
g	"g" as in <u>g</u>ame	**gāo** 高	high
j	"j" as in <u>j</u>eep	**jiàn** 见	to see
k	"k" as in <u>k</u>ettle	**kāi** 开	to open
l	"l" as in <u>l</u>ong	**lóu** 楼	building, floor
m	"m" as in <u>m</u>ail	**māma** 妈妈	mother
n	"n" as in <u>n</u>ot	**nín** 您	you (polite)
p	"p" as in <u>p</u>int	**péngyǒu** 朋友	friend
s	"s" as in <u>s</u>ome	**sì** 四	four

Pinyin	Pronunciation	Chinese example	English meaning
sh	"sh" as in shop	shénme 什么	What?
t	"t" as in tune	dìtiě 地铁	subway
w	"w" as in wife	wèi 胃	stomach
y	"y" as in yes	yào 要	to want

The following *Hanyu Pinyin* letters have pronunciations which can be slightly different from the standard English pronunciations:

e   "uh" as in duh, voiced in the back of the throat (In some vowel combinations and syllables ending in consonants, it is pronounced "e" as in bed.)

h   "h" as in hotel (some speakers strongly stress the *h* so that it sounds almost like a Scottish "ch," as in loch)

i   usually pronounced as a long "ee" as in feet (However, after the consonants **c, ch, r, s, sh, z,** and **zh** the **i** is not pronounced as "ee," but indicates that the consonant should be drawn out with no vowel after it.)

o   long "o" as in owe (except after the consonants **b, f, m,** and **p** it is pronounced as **uo** ["oo-uh"].) The word **wo** 我 [*I*] takes this same pronunciation: It should be pronounced "woo-uh.")

r   "r" as in rain (Although some northern Chinese speakers pronounce the **r** at the beginning of a syllable in a more guttural way, almost like **zh.** At the end of a syllable, **r** is pronounced as in the "r" in the American pronunciation of start.)

u   "oo" as in boot or root

ü   "ü" as in German or French (purse your lips while making an "eu" sound.)

The following *Hanyu Pinyin* letters are pronounced totally different than in English and so you need to pay special attention to these:

c   "ts" as in cats

q   "ch" as in cheese (spoken with a wide cheeks like you are making an "ee" sound)

x   "she" as in she (The sound is closer to a drawn out "s" followed by an "ee," rather than a simple "sh".)

z   "ds" as in sands

zh   a cross between "ch" and "j" (no English equivalent)

Most vowel and consonant combinations flow naturally from the pronunciations given above. However, be careful of the following:

ei   "ey" as in hey

er   as the English word are; sometimes as err

ian   like the word yen, with an unstressed "y"

iu   pronounced as *iou* (e.g., **liù** 六 [*six*] should be pronounced Leo as in Leo the Lion, but without stressing the "e")

ou   "o" as in so

ui   pronounced as *uei* (e.g., **duì** 对 [*right, yes*] should be pronounced "doo-ey," and **shuǐ** 水 [*water*] as "shoo-ey")

uo   "oo-uh"

ye   "ye" as in yesterday

yi   "ee" as in feet (the **y** is not pronounced)

While to a native English speaker, the *Pinyin* letters **ch** and **q**, **sh** and **x**, and **zh** and **j** may sound identical, native Chinese speakers can hear distinct differences in pronunciation. You should closely listen to the audio CD to master the differences in these sounds.

Finally, in northern China, it is common to add a guttural /r/ at the end of nouns (to pronounce this sound, imagine a pirate saying "Argh!"). To show this in *Pinyin,* an "r" is added to the end of a syllable; in **Hànzì** the character 儿 is used. In most cases, the "r" is merely added to the pronunciation of a syllable. However, when the "r" is used after an **i**, **n**, or **ng**, these sounds are dropped altogether, so **yī diǎn** 一点 (*a little*) becomes **yī diǎnr** 一点儿 (pronounced "ee dee-ar"), and **xiǎohái** 小孩 (*child*) becomes **xiǎoháir** 小孩儿 (pronounced "shee-ow-har"). The retroflex /r/ is generally not used in *Pinyin* or *Hanzi* in this book. However, since it is so commonly used in northern China, Mandarin learners should be aware of it.

A word of warning: *Pinyin* is used for romanizing Chinese words, for teaching Chinese to foreigners, and for some signs and restaurant menus, but it is not generally used for communication within China. Since many people on the street may not be able to read *Pinyin* that well, do not imagine that it can be used as a substitute for **Hànzì** or a substitute for oral communication.

Tones

Mandarin Chinese is a tonal language. The same syllable can have several different meanings depending on its intonation. As there are four tones, each Chinese syllable usually has at least four different meanings depending on the tone, so you need to learn the tone when you learn the pronunciation of a syllable. Here is an example of the same syllable, but with different tones and different meanings:

1st tone	**mā** 妈 (*mother*)
2nd tone	**má** 麻 (*hemp*)
3rd tone	**mǎ** 马 (*horse*)
4th tone	**mà** 骂 (*to curse* or *to scold someone*)
5th (neutral) tone	**ma** 吗 (*question mark* or *particle*)

The tone of a syllable is commonly written by adding a diacritical mark above the vowel, as shown above. The four tones in Mandarin Chinese can be visualized in the following chart:

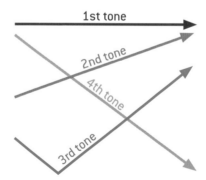

The first tone starts high and stays high, like holding a high note when singing.

The second tone begins at a medium pitch, then slowly rises—like you are asking a question in English.

The third tone starts low, drops, and then rises sharply.

The fourth tone begins high and drops quickly.

In addition, there is a fifth, or neutral, tone, which is used for syllables that are not important or completely unstressed.

Please note that in certain syllable combinations the tones can change, but this change is not reflected in the written *Pinyin* forms.

It may be easier for some students to learn the proper pronunciation of the tones by practicing whole phrases and sentences in Chinese, rather than by just practicing words in isolation. Listen to the online audio carefully, and practice repeating the phrases and sentences exactly as you hear them, over and over again until you start getting it right.

Chinese grammar

The goal of this book is to teach vocabulary and phrases in Mandarin Chinese, allowing students to learn Chinese grammar through induction. That is, students see how the grammar is used in context for communication, and draw conclusions as to grammar rules from these observations. Having said that, here are a few quick notes on Chinese grammar to get you oriented.

Generally, Chinese sentences follow the same subject-verb-object word order as in English. However, unlike English, Chinese lacks articles (*a, an, the*), verbs never change form (no tenses, etc.), and plurals are not generally used (though there are exceptions).

Two factors that might be puzzling to English speakers are the use of counting words, and the use of particles. The most common counting word is **gè** 个. It is used to link numbers with the nouns that follow. For example, in Chinese, if you want to say "one person," you have to say **yí gè rén** 一个人 (not **yì rén** 一人). A particle is a small word, like **gè** 个, which has no meaning in itself, but which is grammatically necessary. The most common particles include **de** 的 (showing possessive), **ma** 吗 (a verbal question mark), and **le** 了 (often used to signify the past tense).

There are surely many other aspects of Chinese grammar that you will notice and learn as you use this book.

How to use this picture dictionary

First, when learning Chinese, it is best to play to your strengths. Focus on what you do best (for example, speaking or reading), and come back and learn the rest later.

Second, as the vocabulary in this book is arranged by theme, it is best to approach this dictionary topically, rather than systematically. Find the topics that are useful or of interest to you, and learn those words first. Third, practice and use the words in context with the conversations and phrases provided.

Fourth, listen to the audio recordings several times and read or say the Chinese words aloud as you look at the pictures. You can also use your finger to trace out the corresponding Chinese characters as you do so. If you have time, practice writing the characters in a notebook or on blank sheets of paper. This will help reinforce your memory of the vocabulary and phrases.

Finally, this picture dictionary should be just a beginning, and not an end. If you find a topic that interests you, use the information in the picture dictionary as a jumping off point to learn more about that topic in Chinese.

The index at the end of the book will help you find the meanings of words you have learned, but which you may have forgotten. The following information is included for each entry—the English word, the Chinese word in simplified Chinese and spelled in *Pinyin*, the lesson number and the order in which the word appeared in that lesson, followed by the page number where the word appears. For example:

English word	Chinese word	Pinyin	Lesson and order	Page in book
a brief moment	一段时间	yí duàn shí jiān	[15-30]	39

The free online audio contains recordings by native Mandarin speakers reading all the vocabulary and sentences, so students can quickly acquire the correct pronunciation. A link to download the recordings can be found on page 96.

很高兴和您见面！
Hěn gāo xìng hé nín jiàn miàn!
So nice to meet you!

1

1 你好吗？
Nǐ hǎo ma?
Hello, how are you?

2 我很好，谢谢！
Wǒ hěn hǎo, xiè xie!
I am fine, thank you!

3 见 面
jiàn miàn
to meet

8 什 么？
shén me?
what?

9 满 意
mǎn yì
satisfied

4 小丽，这是小何。
Xiǎo Lì, zhè shì Xiǎo Hé.
Xiao Li, meet Xiao He.

10 快 乐
kuài lè
happy

11 高 兴
gāo xìng
joyful

5 您好！
Nín hǎo!
Hello !

6 很高兴和您见面！
Hěn gāo xīng hé nín jiàn miàn!
Pleased to meet you!

7 介 绍
jiè shào
to introduce

12 叫
jiào
to call/
to be called

13 祝 您
zhù nín
to express
(good wishes)

15 您好！我姓Smith。请问您贵姓？
Nín hǎo! Wǒ xìng Smith. Qǐng wèn nín guì xìng?
Hi, my name is Smith. What's your name?

16 我姓林，叫丽珠。这是我的名片。
Wǒ xìng Lín, jiào Lì Zhū. Zhè shì wǒ de míng piàn.
My surname is Lin, first name Lizhu. Here's my namecard.

14 自我介绍
zì wǒ jiè shào
introduce yourself

17 再见！
Zài jiàn!
Goodbye! See you!

18 慢走！
Màn zǒu!
Take care!

19 聚会
jù huì
gathering/meeting

20 客人
kè rén
guest/customer

21 谢谢！
Xiè xie!
Thank you!

Additional Vocabulary

23 名字
míng zi
name

24 姓
xìng
surname

25 您
nín
you (polite)

26 认识
rèn shí
to know

27 国籍
guó jí
nationality

28 握手
wò shǒu
shake hands

29 拥抱
yōng bào
to hug

30 亲吻
qīn wěn
to kiss

31 微笑
wēi xiào
smile

32 招手
zhāo shǒu
to wave

33 鞠躬
jū gōng
to bow

34 打个招呼
dǎ gè zhāo hū
to greet

35 开始会话
kāi shǐ huì huà
to start a conversation

36 简短交谈
jiǎn duǎn jiāo tán
to make small talk

37 聊天
liáo tiān
to chat; to gossip

38 怎么样？
Zěn me yàng?
How are things?

39 为什么？
Wèi shén me?
Why?

40 朋友
péng yǒu
friends

22 不客气。
Bú kè qì.
Not at all.

我的家
Wǒ de jiā
2 My family

1 儿子
ér zi
son

2 男人
nán rén
male

3 女人
nǚ rén
female

5 女儿
nǚ ér
daughter

4 孩子们
hái zi men
children

6 父母亲
fù mǔ qīn
parents

Additional Vocabulary

26 妻子
qī zi
wife

27 丈夫
zhàng fū
husband

28 叔叔
shū shu
father's younger brother

29 姑姑
gū gu
father's sister

30 舅舅
jiù jiu
mother's brother

31 女婿
nǚ xù
son-in-law

32 媳妇
xí fù
daughter-in-law

33 孙子／孙女
sūn zi / sūn nǚ
grandson/granddaughter

34 亲戚
qīn qi
relatives

35 邻居
lín jū
neighbor

36 姐夫
jiě fū
brother-in-law

37 大嫂
dà sǎo
sister-in-law

38 堂哥
táng gē
older male cousin (father's side)

39 表弟
biǎo dì
younger male cousin (mother's side)

40 家
jiā
family

41 自己
zì jǐ
self

42 年轻
nián qīng
young

43 热情
rè qíng
enthusiastic

44 相信
xiāng xìn
to believe

45 你有几个兄弟姐妹？
Nǐ yǒu jǐ gè xiōng dì jiě mèi?
How many brothers and sisters do you have?

46 我有一个姐姐，一个弟弟。
Wǒ yǒu yí gè jiě jie, yí gè dì di.
I have one elder sister and one younger brother.

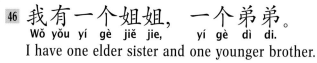

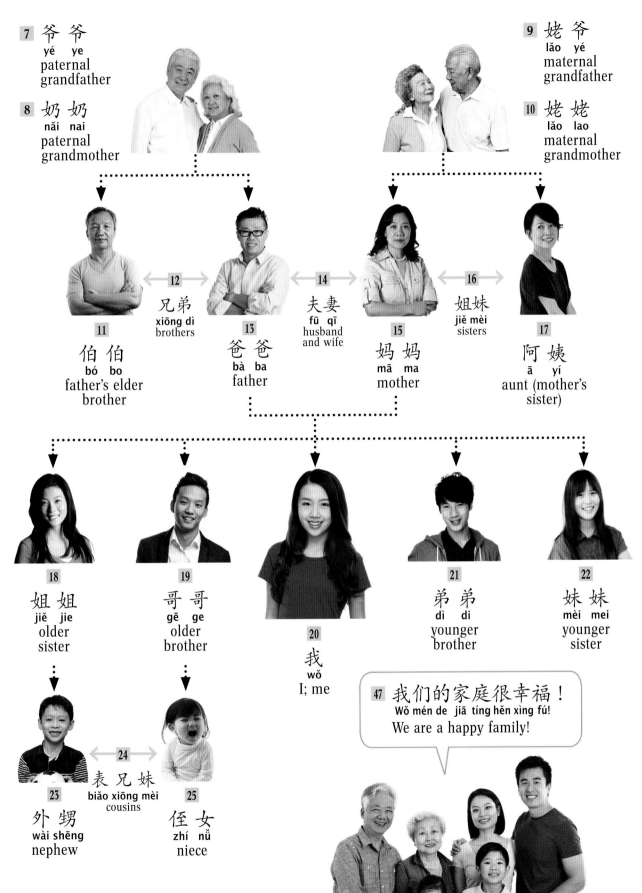

7 爷 爷
yé ye
paternal
grandfather

8 奶 奶
nǎi nai
paternal
grandmother

9 姥 爷
lǎo yé
maternal
grandfather

10 姥 姥
lǎo lao
maternal
grandmother

12
兄弟
xiōng dì
brothers

14
夫妻
fū qī
husband
and wife

16
姐妹
jiě mèi
sisters

11
伯 伯
bó bo
father's elder
brother

13
爸 爸
bà ba
father

15
妈 妈
mā ma
mother

17
阿 姨
ā yí
aunt (mother's
sister)

18
姐 姐
jiě jie
older
sister

19
哥 哥
gē ge
older
brother

20
我
wǒ
I; me

21
弟 弟
dì di
younger
brother

22
妹 妹
mèi mei
younger
sister

24
表 兄妹
biǎo xiōng mèi
cousins

23
外 甥
wài shēng
nephew

25
侄 女
zhí nǚ
niece

47 我们的家庭很幸福！
Wǒ mén de jiā tíng hěn xìng fú!
We are a happy family!

我的房子
Wǒ de fáng zi
My house

1 客厅
kè tīng
living room

2 阳台
yáng tái
balcony

3 栏杆
lán gān
railing

4 天花板
tiān huā bǎn
ceiling

5 钥匙
yào shi
keys

6 画
huà
painting

7 灯
dēng
lamp

8 椅子
yǐ zi
chair

9 墙壁
qiáng bì
wall

10 电视
diàn shì
television

11 茶几
chá jī
coffee table

12 地毯
dì tǎn
carpet

13 空调
kōng tiáo
air conditioner

14 桌子
zhuō zi
table

15 沙发
shā fā
sofa

16 地板
dì bǎn
floor

17 窗帘
chuāng lián
curtain

18 窗户
chuāng hù
window

19 枕头
zhěn tóu
pillow

20 床
chuáng
bed

21 卧室
wò shì
bedroom

22 房间
fáng jiān
room

Additional Vocabulary

49 灯开关
dēng kāi guān
light switch

50 电源插座
diàn yuán chā zuò
electric socket;
power point

51 房子
fáng zi
apartment;
house

52 公寓
gōng yù
apartment

53 屋顶
wū dǐng
roof

54 阁楼
gé lóu
attic; loft

55 地下室
dì xià shì
basement;
cellar

56 车库
chē kù
garage

57 多漂亮的房子啊，我真想住在里面。
Duō piào liàng de fáng zi a, wǒ zhēn xiǎng zhù zài lǐ miàn.
What a beautiful house. I would love to live here.

23 厨房
chú fáng
kitchen

24 微波炉
wēi bō lú
microwave oven

28 油烟机
yóu yān jī
range hood;
cooker hood

25 厨柜
chú guì
cabinet

26 冰箱
bīng xiāng
refrigerator

27 烤箱
kǎo xiāng
oven

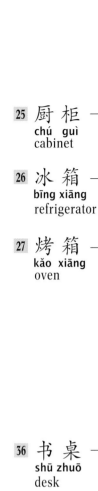

29 水壶
shuǐ hú
kettle

30 烤面包机
kǎo miàn bāo jī
toaster

31 火炉
huǒ lú
stove

44 打扫
dǎ sǎo
to clean

32 书房
shū fáng
study room

33 台灯
tái dēng
table lamp

34 抽屉
chōu tì
drawer

35 书架
shū jià
book shelf

36 书桌
shū zhuō
desk

45 电梯
diàn tī
elevator

46 门
mén
door

47 盆栽／植物
pén zāi / zhí wù
potted plant

37 浴室
yù shì
bathroom

38 洗手间
xǐ shǒu jiān
washroom

41 淋浴
lín yù
shower

42 浴缸
yù gāng
bathtub

39 水龙头
shuǐ lóng tóu
water tap

40 水槽
shuǐ cáo
sink

43 马桶
mǎ tǒng
toilet
bowl

48 洗澡
xǐ zǎo
to bathe

---

58 这个房子有几层楼？
Zhè ge fáng zi yǒu jǐ céng lóu?
How many floors does this house have?

59 我要租房子。
Wǒ yào zū fáng zi.
I would like to rent an apartment.

60 好大的房子啊！
Hǎo dà de fáng zi a!
What a big house!

61 我想看看厨房。
Wǒ xiǎng kàn kan chú fáng.
I want to see the kitchen.

15

人类的身体
Rén lèi de shēn tǐ
The human body

4

6 头发
tóu fà
hair

1 头
tóu
head

7 眉毛
méi máo
eyebrow

8 眼睛
yǎn jīng
eye

2 耳朵
ěr duō
ear

9 鼻子
bí zi
nose

3 脖子
bó zi
neck

4 面颊
miàn jiá
cheek

10 嘴 / 口
zuǐ / kǒu
mouth

5 脸
liǎn
face

11 舌头
shé tóu
tongue

12 牙齿
yá chǐ
teeth

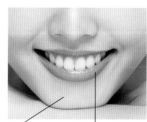

13 下巴
xià ba
chin

14 嘴唇
zuǐ chún
lips

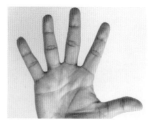

15 手指
shǒu zhǐ
fingers

16 脚指
jiǎo zhǐ
toes

---

50 你可以说出你身体的哪些部分？
Nǐ kě yǐ shuō chū nǐ shēn tǐ de nǎ xiē bù fèn?
How many parts of your body can you name?

51 你如何照顾你的身体？
Nǐ rú hé zhào gù nǐ de shēn tǐ?
How do you take care of your body?

52 吸烟对身体有害。
Xī yān duì shēn tǐ yǒu hài.
Smoking is bad for your health.

53 要小心，不要吃和喝得太多。
Yào xiǎo xīn, bù yào chī hé hē dé tài duō.
Be careful not to eat and drink too much.

54 不要吃太多的糖果和零食。
Bù yào chī tài duō de táng guǒ hé líng shí.
Don't eat too many sweets and snacks.

55 要想身体健康，就应该多锻炼身体。
Yào xiǎng shēn tǐ jiàn kāng, jiù yīng gāi duō duàn liàn shēn tǐ.
To stay healthy, you should exercise every day.

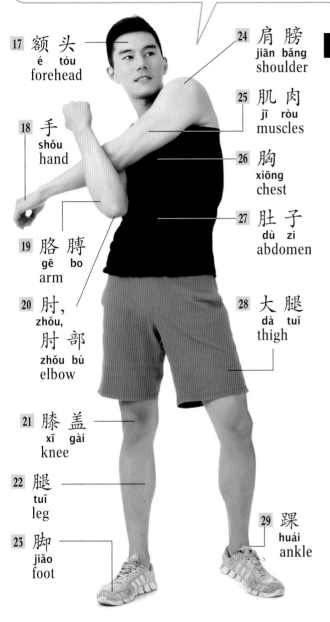

17 额头
é tóu
forehead

18 手
shǒu
hand

19 胳膊
gē bo
arm

20 肘,
zhǒu,
肘部
zhǒu bù
elbow

21 膝盖
xī gài
knee

22 腿
tuǐ
leg

23 脚
jiǎo
foot

24 肩膀
jiān bǎng
shoulder

25 肌肉
jī ròu
muscles

26 胸
xiōng
chest

27 肚子
dù zi
abdomen

28 大腿
dà tuǐ
thigh

29 踝
huái
ankle

Additional Vocabulary

36 器官
qì guān
organs

37 消化系统
xiāo huà xì tǒng
digestive system

38 呼吸系统
hū xī xì tǒng
respiratory system

39 神经系统
shén jīng xì tǒng
nervous system

40 骨骼系统
gǔ gé xì tǒng
skeletal system

41 皮肤
pí fū
skin

42 血液
xuè yè
blood

43 血管
xuè guǎn
vessels

44 骨头
gǔ tóu
bone

45 动脉
dòng mài
artery

46 静脉
jìng mài
vein

47 健康
jiàn kāng
health

48 疾病
jí bìng
illness

49 胃
wèi
stomach

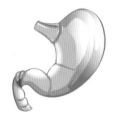

30 脑
nǎo
brain

31 肺
fèi
lungs

32 心脏
xīn zàng
heart

33 肾脏
shèn zàng
kidneys

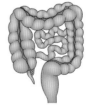

34 肠
cháng
intestines

35 肝脏
gān zàng
liver

计数和数字
Jì shù hé shù zì
5 | Counting and numbers

1 一
yī
one

2 二
èr
two

3 三
sān
three

4 四
sì
four

5 五
wǔ
five

6 六
liù
six

7 七
qī
seven

8 八
bā
eight

9 九
jiǔ
nine

10 十
shí
ten

11 半 / 二分之一
bàn / èr fēn zhī yī
one half

12 四分之三
sì fēn zhī sān
three quarters

13 四分之一
sì fēn zhī yī
one quarter

14 三分之一
sān fēn zhī yī
one third

15 三分之二
sān fēn zhī èr
two thirds

Cardinal Numbers 基数 jī shù

0 零 líng zero
11 十一 shí yī eleven
12 十二 shí èr twelve
13 十三 shí sān thirteen
14 十四 shí sì fourteen
15 十五 shí wǔ fifteen
16 十六 shí liù sixteen
17 十七 shí qī seventeen
18 十八 shí bā eighteen
19 十九 shí jiǔ nineteen
20 二十 èr shí twenty
21 二十一 èr shí yī twenty-one
22 二十二 èr shí èr twenty-two
23 二十三 èr shí sān twenty-three
24 二十四 èr shí sì twenty-four
25 二十五 èr shí wǔ twenty-five
26 二十六 èr shí liù twenty-six
27 二十七 èr shí qī twenty-seven
28 二十八 èr shí bā twenty-eight
29 二十九 èr shí jiǔ twenty-nine
30 三十 sān shí thirty
40 四十 sì shí forty
50 五十 wǔ shí fifty
60 六十 liù shí sixty
70 七十 qī shí seventy
80 八十 bā shí eighty
90 九十 jiǔ shí ninety
100 一百 yī bǎi one hundred
1,000 一千 yī qiān one thousand
10,000 一万 yī wàn
　 ten thousand
100,000 十万 shí wàn
　 one hundred thousand
1,000,000 一百万 yī bǎi wàn
　 one million
100,000,000 一亿 yī yì
　 one hundred million
1,000,000,000 十亿 shí yì
　 one billion
10,000,000,000 百亿 bǎi yì
　 ten billion

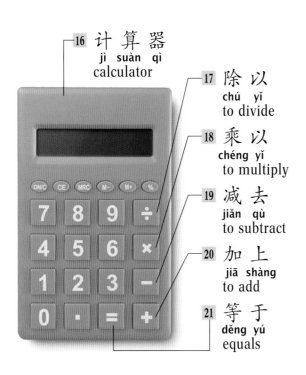

16 计 算 器
jì suàn qì
calculator

17 除 以
chú yǐ
to divide

18 乘 以
chéng yǐ
to multiply

19 减 去
jiǎn qù
to subtract

20 加 上
jiā shàng
to add

21 等 于
děng yú
equals

Additional Vocabulary

22 两
liǎng
two/both

23 百 分 比
bǎi fēn bǐ
percent (%)

24 分 数
fēn shù
fraction

25 双 数
shuāng shù
even numbers

26 单 数
dān shù
odd numbers

27 数
shǔ
to count

28 数 码
shù mǎ
numbers

29 数 字
shù zì
digits

Ordinal Numbers 序数 xù shù

Note: To form an ordinal number, just add the word 第 dì in front of the number. For example:

1st 第一 dì yī first
2nd 第二 dì èr second
3rd 第三 dì sān third
4th 第四 dì sì fourth
5th 第五 dì wǔ fifth
6th 第六 dì liù sixth
7th 第七 dì qī seventh
8th 第八 dì bā eighth
9th 第九 dì jiǔ ninth
10th 第十 dì shí tenth
11th 第十一 dì shí yī eleventh
12th 第十二 dì shí èr twelfth
13th 第十三 dì shí sān thirteenth
20th 第二十 dì èr shí twentieth
30th 第三十 dì sān shí thirtieth
40th 第四十 dì sì shí fourtieth
50th 第五十 dì wǔ shí fiftieth
60th 第六十 dì liù shí sixtieth
70th 第七十 dì qī shí seventieth
80th 第八十 dì bā shí eightieth
90th 第九十 dì jiǔ shí ninetieth
100th 第一百 dì yī bǎi one-hundredth
1,000th 第一千 dì yī qiān one-thousandth

30 二加四等于六。
Èr jiā sì děng yú liù.
Two plus four equals six.

31 十一减五等于六。
Shí yī jiǎn wǔ děng yú liù.
Eleven minus five equals six.

32 十乘十二等于一百二十。
Shí chéng shí èr děng yú yī bǎi èr shí.
Ten times twelve equals one hundred and twenty.

33 四十二除以八等于五又四分之一。
Sì shí èr chú yǐ bā děng yú wǔ yòu sì fēn zhī yī.
Forty-two divided by eight equals five and a quarter.

日常活动

Rì cháng huó dòng

6 | Daily activities

5 站
zhàn
to stand

6 坐
zuò
to sit

1 哭
kū
to cry

2 笑
xiào
to laugh

3 听
tīng
to listen

4 看
kàn
to look, see

Additional Vocabulary

18 声音
shēng yīn
sound

19 问
wèn
to ask

20 玩
wán
to play

21 呼吸
hū xī
to breathe

22 回答
huí dá
to answer

23 看见
kàn jiàn
to catch sight of

24 上班 / 下班
shàng bān / xià bān
go to work /
get off work

25 上学
shàng xué
go to school

26 放学
fàng xué
school is over

27 做饭
zuò fàn
to cook; to prepare
a meal

28 洗个澡
xǐ gè zǎo
to have a shower

29 洗头发
xǐ tóu fà
to wash my hair

30 休息
xiū xī
to relax

31 吃早餐
chī zǎo cān
to have breakfast

32 吃午饭
chī wǔ fàn
to have lunch

33 吃晚饭
chī wǎn fàn
to have dinner

34 休闲
xiū xián
leisure

35 学习时间
xué xí shí jiān
study time

36 做家务
zuò jiā wù
to do household
chores

37 平常，平日
píng cháng, píng rì
weekday

38 周末
zhōu mò
weekend

39 生气
shēng qì
to get angry

40 解决
jiě jué
to resolve

41 要求
yāo qiú
to request

42 愿意
yuàn yì
to be willing (to
do something)

43 同意
tóng yì
to agree

44 我每天需要八个小时的睡眠。
Wǒ měi tiān xū yào bā gè xiǎo shí de shuì mián.
I need eight hours of sleep every day.

7 睡觉
shuì jiào
to sleep

8 看电视
kàn diàn shì
to watch TV

9 写
xiě
to write

10 起床
qǐ chuáng
to wake up

11 刷牙
shuā yá
to brush teeth

12 说话
shuō huà
to talk

13 讲
jiǎng
to speak

15 搬
bān
to move

16 帮忙
bāng máng
to help

14 大家一起用餐
Dà jiā yì qǐ yòng cān
Everybody eats together

45 你平常晚上做什么？
Nǐ píng cháng wǎn shàng zuò shén me?
What do you do on weekday evenings?

46 你周末做什么？
Nǐ zhōu mò zuò shén me?
What do you do on weekends?

47 你每天早上做的第一件事情是什么？
Nǐ měi tiān zǎo shàng zuò de dì yī jiàn shì qíng shì shén me?
What is the first thing you do every morning?

48 我洗个澡，刷个牙。
Wǒ xǐ gè zǎo, shuā gè yá.
I take a shower and brush my teeth.

17 遛狗
liù gǒu
to walk the dog

7 颜色，形状与尺寸
Yán sè, xíng zhuàng yǔ chǐ cùn
Colors, shapes and sizes

1 颜色
yán sè
colors

2 红
hóng
red

3 白
bái
white

4 黑
hēi
black

5 黄
huáng
yellow

6 蓝
lán
blue

7 绿
lǜ
green

8 紫
zǐ
purple

9 棕色
zōng sè
brown

10 灰色
huī sè
gray

11 橙色
chéng sè
orange

12 粉红色
fěn hóng sè
pink

13 金色
jīn sè
gold

14 银色
yíng sè
silver

15 深色
shēn sè
dark color

16 浅色
qiǎn sè
light color

44 你最喜欢什么颜色？
Nǐ zuì xǐ huān shén me yán sè?
What is your favorite color?

45 我最喜欢的颜色是红色。
Wǒ zuì xǐ huān de yán sè shì hóng sè.
My favorite color is red.

17 彩虹
cǎi hóng
a rainbow

18 长方形
cháng fāng xíng
a rectangle

19 圆形
yuán xíng
a circle

20 八角形
bā jiǎo xíng
an octagon

21 五角形
wǔ jiǎo xíng
a pentagon

22 正方形
zhèng fāng xíng
a square

23 心形
xīn xíng
a heart

24 椭圆形
tuǒ yuán xíng
an oval

25 星形
xīng xíng
a star

26 三角形
sān jiǎo xíng
a triangle

27 六角形
liù jiǎo xíng
a hexagon

28 钻石形
zuàn shí xíng
a diamond

29 服装尺码标签
fú zhuāng chǐ mǎ biāo qiān
clothing size

30 中号
zhōng hào
M size

31 小号
xiǎo hào
S size

32 特小号
tè xiǎo hào
XS size

33 大号
dà hào
L size

34 特大号
tè dà hào
XL size

35 大
dà
large

36 中
zhōng
medium

37 小
xiǎo
small

42 你有更大的吗？
Nǐ yǒu gèng dà de ma?
Do you have a larger size?

43 你有其他颜色吗？
Nǐ yǒu qí tā yán sè ma?
Do you have this in other colors?

Additional Vocabulary

38 形状
xíng zhuàng
shape

39 尺寸
chǐ cùn
size

40 更大
gèng dà
larger

41 更小
gèng xiǎo
smaller

23

反义词
fǎn yì cí
8 | Opposites

1 上↔下
shàng xià
up down

2 收↔送
shōu sòng
receive give

3 多↔少
duō shǎo
more less

4 旧↔新
jiù xīn
old new

5 高↔矮
gāo ǎi
tall short

6 出↔进
chū jìn
exit enter

7 好↔坏
hǎo huài
good bad

8 忙↔闲
máng xián
busy idle

9 长↔短
cháng duǎn
long short

10 老 ↔ 少
lǎo　shào
old　young

11 大 ↔ 小
dà　xiǎo
big　small

12 开 ↔ 关
kāi　guān
open　closed

13 胖 ↔ 瘦
pàng　shòu
fat　skinny

14 穿 ↔ 脱
chuān　tuō
put　take
on　off

15 困难 ↔ 容易
kùn nán　róng yì
difficult　easy

16 有 ↔ 无
yǒu　wú
have　do not
have

17 来 ↔ 去
lái　qù
come　go

18 是 ↔ 不
shì　bù
yes　no

19 饱 ↔ 饿
bǎo　è
(eat till)　hungry
full

20 到 ↔ 离
dào　lí
arrive　depart

21 里 ↔ 外
lǐ　wài
inside　outside

22 以前 ↔ 以后
yǐ qián　yǐ hòu
past　future

23 开始 ↔ 结束
kāi shǐ　jié shù
begin　end

24 近 ↔ 远
jìn　yuǎn
near　far

25 错 ↔ 对
cuò　duì
wrong　right

26 真 ↔ 假
zhēn　jiǎ
real　fake

27 快 ↔ 慢
kuài　màn
fast　slow

28 高 ↔ 低
gāo　dī
high　low

29 借 ↔ 还
jiè　huán
borrow　return

30 忘记 ↔ 记得
wàng jì　jì dé
forgotten　remem-
bered

31 难过 ↔ 开心
nán guò　kāi xīn
sad　happy

32 小心的反义词是大意，不是大心，你现在清楚了吗？
Xiǎo xīn de fǎn yì cí shì dà yì, bù shì dà xīn, nǐ xiàn zài qīng chǔ le ma?
The opposite of careful is careless, not "big heart," you clear about this now?
(Note: 小心 xiǎo xīn literally *small heart*, 大心 dà xīn literally *big heart*)

33 冷和热也是一对反义词。
Lěng hé rè yě shì yī duì fǎn yì cí.
Cold and hot is also a pair of opposites.

34 反义词是两个意思相反的词。
Fǎn yì cí shì liǎng gè yì sī xiǎng fǎn de cí.
An antonym is a pair of words with opposite meaning.

9

中国钱怎么说
Zhōng guó qián zěn me shuō
Talking about money

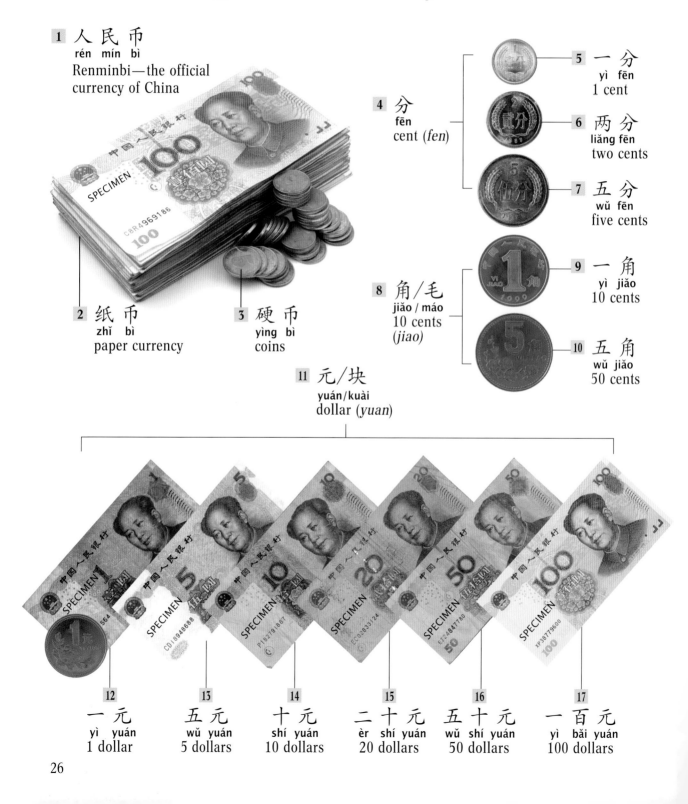

1 人民币
rén mín bì
Renminbi—the official
currency of China

2 纸币
zhǐ bì
paper currency

3 硬币
yìng bì
coins

4 分
fēn
cent (*fen*)

5 一分
yì fēn
1 cent

6 两分
liǎng fēn
two cents

7 五分
wǔ fēn
five cents

8 角/毛
jiǎo / máo
10 cents
(*jiao*)

9 一角
yì jiǎo
10 cents

10 五角
wǔ jiǎo
50 cents

11 元/块
yuán/kuài
dollar (*yuan*)

12 一元
yì yuán
1 dollar

13 五元
wǔ yuán
5 dollars

14 十元
shí yuán
10 dollars

15 二十元
èr shí yuán
20 dollars

16 五十元
wǔ shí yuán
50 dollars

17 一百元
yì bǎi yuán
100 dollars

18 支票
zhī piào
check

19 零钱
líng qián
small change

20 信用卡
xìn yòng kǎ
credit card

21 储蓄
chǔ xù
savings

22 外币兑换
wài bì duì huàn
currency exchange

23 取款
qǔ kuǎn
to withdraw
money

24 钱
qián
coin, money

25 价钱
jià qián
price

26 折扣
zhé kòu
discount

27 便宜
pián yi
cheap

28 贵
guì
expensive

29 利息
lì xī
interest

30 贷款
dài kuǎn
loan; credit

31 债务
zhài wù
debt

32 存款
cún kuǎn
bank deposit

33 账号
zhàng hào
account number

34 收据
shōu jù
receipt

35 分期付款
fēn qī fù kuǎn
installment
(payment)

36 税
shuì
tax

37 现金
xiàn jīn
cash

38 这多少钱？
Zhè duō shǎo qián?
How much does this cost?

39 二十四块九毛五分。
Èr shí sì kuài jiǔ máo wǔ fēn.
Twenty-four ninety-five
(RMB ¥24.95).

40 你能打个折吗？
Nǐ néng dǎ gè zhé ma?
Can you give a discount?

41 行，打九折。
Xíng, dǎ jiǔ zhé.
OK, 10% discount.

10 去 购 物
Qù gòu wù
Going shopping

4 购 物 袋
gòu wù dài
shopping bag

1 买
mǎi
to buy

43 多 少 钱?
Duō shǎo qián?
How much is it?

2 卖
mài
to sell

3 购 物
gòu wù
to shop

5 手 表
shǒu biǎo
watch

6 衣 服
yī fú
clothes

7 上 衣
shàng yī
blouse

11 眼 镜
yǎn jìng
glasses;
spectacles

14 衬 衫
chèn shān
shirt

12 袜 子
wà zi
socks

15 领 带
lǐng dài
necktie

9 牛 仔 裤
niú zǎi kù
jeans

8 裙 子
qún zi
skirt

10 裤 子
kù zi
trousers

13 鞋
xié
shoes

16 帽 子
mào zi
hat

Some useful shopping expressions:

46 最近的购物中心在哪里？
Zuì jìn de gòu wù zhōng xīn zài nǎ lǐ?
Where is the nearest shopping center?

47 我可以试穿吗？
Wǒ kě yǐ shì chuān ma?
Can I try it on?

48 试衣间在哪里？
Shì yī jiān zài nǎ lǐ?
Where is the fitting room?

49 那太贵了！
Nà tài guì le!
That's too expensive!

50 我要了它吧。
Wǒ yào le tā ba.
I'll take it.

51 你接受信用卡吗？
Nǐ jiē shòu xìn yòng kǎ ma?
Do you accept credit cards?

52 我会用现金付款。
Wǒ huì yòng xiàn jīn fù kuǎn.
I'll pay in cash.

53 我可不可以要一张收据？
Wǒ kě bù kě yǐ yào yī zhāng shōu jù?
Could I have a receipt?

17 化妆品
huà zhuāng pǐn
cosmetics

18 玩具
wán jù
toys

19 腰带
yāo dài
belt

20 围巾
wéi jīn
scarf

Additional Vocabulary

21 黑色星期五
hēi sè xīng qī wǔ
Black Friday

22 商店
shāng diàn
shop

23 百货商店
bǎi huò shāng diàn
department store

24 时装商店
shí zhuāng shāng diàn
boutique

25 店员
diàn yuán
shop staff

26 出纳员
chū nà yuán
cashier

27 送货上门
sòng huò shàng mén
home delivery

28 比较价格
bǐ jiào jià gé
comparing prices

29 网络购物
wǎng luò gòu wù
online shopping

30 信用卡
xìn yòng kǎ
credit card

31 一样
yí yàng
the same as

32 一共
yí gòng
altogether

33 一定
yí dìng
certainly

34 一般
yì bān
generally

35 更
gèng
more; even more

36 决定
jué dìng
decision

37 其他
qí tā
other

38 带
dài
to bring

39 东西
dōng xī
things

40 发票
fā piào
bill; invoice

41 免税
miǎn shuì
tax free

42 退款
tuì kuǎn
refund

44 这些东西要收税吗？
Zhè xiē dōng xī yào shōu shuì ma?
Is there any tax on this?

45 我以后可以退税吗？
Wǒ yǐ hòu kě yǐ tuì shuì ma?
Can I refund the tax later?

11 城市的生活
Chéng shì de shēng huó
Life in the city

1 宾馆
bīn guǎn
hotel

2 机场
jī chǎng
airport

3 商店 **4** 街道
shāng diàn jiē dào
shop street

5 超市
chāo shì
supermarket

6 加油站
jiā yóu zhàn
gas station/
petrol station

7 银行
yín háng
bank

8 会议中心
huì yì zhōng xīn
conference center

9 火车站
huǒ chē zhàn
train station

10 博物馆
bó wù guǎn
museum

11 城市
chéng shì
city

12 高层建筑
gāo céng jiàn zhù
skyscraper

13 公寓楼
gōng yù lóu
apartment building

14 美术馆
měi shù guǎn
art museum

15 体育馆
tǐ yù guǎn
stadium

16 邮局
yóu jú
post office

17 公安局
gōng ān jú
police station

18 高速公路
gāo sù gōng lù
expressway

19 健身房
jiàn shēn fáng
gym

Additional Vocabulary

20 旅馆
lǚ guǎn
hotel

21 电影院
diàn yǐng yuàn
cinema

22 购物中心
gòu wù zhōng xīn
shopping center;
mall

23 市中心
shì zhōng xīn
downtown

24 商务中心区
shāng wù zhōng xīn qū
central business
district (CBD)

25 市郊
shì jiāo
suburb

26 房子
fáng zi
apartment; house

27 桥
qiáo
bridge

28 人行道
rén xíng dào
sidewalk

29 邻居
lín jū
neighbor

30 街口
jiē kǒu
street corner

31 纪念碑
jì niàn bēi
monument

32 教堂
jiào táng
church

33 交通
jiāo tōng
traffic

34 行人
xíng rén
pedestrian

35 人行横道
rén xíng héng dào
pedestrian
crossing

36 寺庙
sì miào
temple

39 你住在城市吗？还是在郊区？
Nǐ zhù zài chéng shì ma?　Hái shì zài jiāo qū?
Do you live in the city?　Or in the suburbs?

40 你怎么去上班？
Nǐ zěn me qù shàng bān?
How do you go to work?

41 机场距离市中心有多远？
Jī chǎng jù lí shì zhōng xīn yǒu duō yuǎn?
How far is the airport from the city center?

42 陈小姐想住在城市里。
Chén xiǎo jiě xiǎng zhù zài chéng shì lǐ.
Miss Chen wants to live in the city.

37 交通灯
jiāo tōng dēng
traffic lights

38 路
lù
road

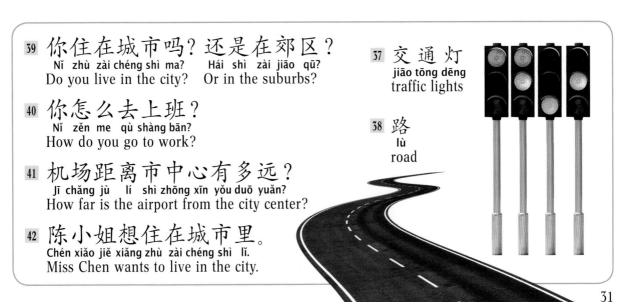

12

美好出行
Měi hǎo chū xíng
Getting around

1 汽车
qì chē
car

2 出租车
chū zū chē
taxi

3 司机
sī jī
driver

4 飞机
fēi jī
airplane

5 卡车
kǎ chē
truck

6 垃圾车
lā jī chē
garbage truck

7 面包车
miàn bāo chē
delivery van

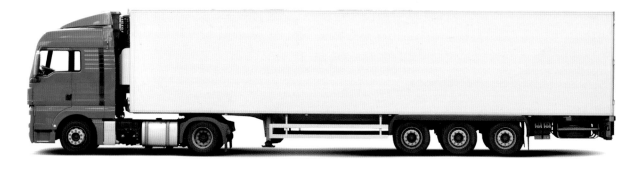

8 高铁
gāo tiě
high speed train

9 摩托车
mó tuō chē
motorcycle

10 跑车
pǎo chē
sports car

13 公共汽车站
gōng gòng qì chē zhàn
bus stop

11 地铁
dì tiě
subway

12 公共汽车
gōng gòng qì chē
public bus

14 船
chuán
ship; boat

15 火车
huǒ chē
train

16 消防车
xiāo fáng chē
fire engine

17 电车
diàn chē
tram

18 三轮车
sān lún chē
pedicab/trishaw

Additional Vocabulary

19 乘客
chéng kè
passenger

20 乘公共汽车
chéng gōng gòng qì chē
take a bus;
by bus

21 赶公共汽车
gǎn gōng gòng qì chē
catch a bus

22 赶火车
gǎn huǒ chē
catch a train

23 坐火车
zuò huǒ chē
ride a train

24 开车
kāi chē
drive a car

25 骑自行车
qí zì xíng chē
ride a bike

26 慢一点
màn yī diǎn
slow down

27 快一点
kuài yī diǎn
go faster

28 左转／右转
zuǒ zhuǎn／yòu zhuǎn
turn left/turn right

29 一直走
yì zhí zǒu
go straight

30 火车时刻表
huǒ chē shí kè biǎo
train schedule

31 售票处
shòu piào chù
ticket counter

32 巴士路线
bā shì lù xiàn
bus route

33 马车
mǎ chē
horse carriage

34 打车
dǎ chē
to call a taxi

35 优步
Yōu bù
Uber

36 怎么样去市区最好？
Zěn me yàng qù shì qū zuì hǎo?
What is the best way to get downtown?

37 乘公共汽车，打车还是坐地铁。
Chéng gōng gòng qì chē, dǎ chē hái shì zuò dì tiě.
By bus, by taxi or take the subway.

38 如何到达地铁站？
Rú hé dào dá dì tiě zhàn?
How do I get to the subway station?

13 问路与指路
Wèn lù yǔ zhǐ lù
Asking and giving directions

1 哪 儿
nǎ er
where?

2 这 儿
zhè er
here

3 那 儿
nà er
there

6 北
běi
north

7 西 北
xī běi
northwest

8 东 北
dōng běi
northeast

9 西
xī
west

10 东
dōng
east

11 西 南
xī nán
southwest

12 东 南
dōng nán
southeast

13 南
nán
south

14 前 面
qián miàn
in front

15 后 面
hòu miàn
behind

4 上 面
shàng miàn
above

5 下 面
xià miàn
below

Some common phrases for asking and giving directions:

16 问 路
wèn lù
asking
directions

21 指 路
zhǐ lù
giving
directions

17 我迷路了，你能帮帮我吗？
Wǒ mí lù le, nǐ néng bāng bang wǒ ma?
I'm lost. Can you help me?

22 对不起，我不知道。
Duì bù qǐ, wǒ bù zhī dào.
I'm sorry, I don't know.

18 这方向是往…？
Zhè fāng xiàng shì wǎng …?
Is this the way to … ?

23 往这边走。
Wǎng zhè biān zǒu.
It's this way.

24 往那边走。
Wǎng nà biān zǒu.
It's that way.

19 有多远？
Yǒu duō yuǎn?
How far is it?

25 就在左边/右边。
Jiù zài zuǒ biān/ yòu biān.
It's on the left/right.

20 可以让我看看地图吗？
Kě yǐ ràng wǒ kàn kan dì tú ma?
Can you show me on the map?

26 就在…的旁边。
Jiù zài … de páng biān.
It's next to … .

27 右边
yòu biān
right side

28 中间
zhōng jiān
middle; center

29 左边
zuǒ biān
left side

30 左转
zuǒ zhuǎn
turn left

31 直行
zhí xíng
go straight

32 右转
yòu zhuǎn
turn right

33 外面
wài miàn
outside

34 里面
lǐ miàn
inside

35 迷路
mí lù
to be lost

36 方向
fāng xiàng
direction

37 距离
jù lí
distance

38 公里
gōng lǐ
kilometer

39 英里
yīng lǐ
mile

40 米
mǐ
meter

41 英尺
yīng chǐ
foot

42 近
jìn
near

43 远
yuǎn
far

44 对面
duì miàn
opposite

45 东方
dōng fāng
the East

46 南方
nán fāng
the South

47 西方
xī fāng
the West

48 北方
běi fāng
the North

49 旁边
páng biān
side

50 附近
fù jìn
nearby

51 地方
dì fāng
place

52 一边
yì biān
one side

53 告诉
gào sù
to tell

54 经过
jīng guò
to go through

55 离开
lí kāi
to leave

56 多久
duō jiǔ
how much longer?

57 马上
mǎ shàng
immediately

58 让
ràng
to allow

59 已经
yǐ jīng
already

60 认为
rèn wéi
to think

61 以为
yǐ wéi
to consider

62 帮助
bāng zhù
to help

63 着急
zháo jí
to feel anxious

关于天气
Guān yú tiān qì

14 Talking about the weather

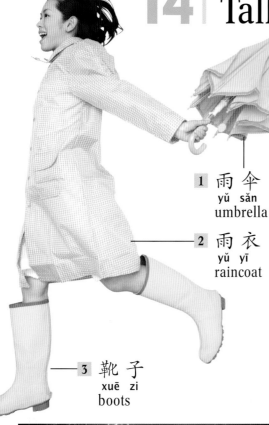

1 雨 伞
yǔ sǎn
umbrella

2 雨 衣
yǔ yī
raincoat

3 靴 子
xuē zi
boots

4 晴
qíng
clear (sky)

5 晴 天
qíng tiān
clear day

6 阴
yīn
overcast

7 阴 天
yīn tiān
cloudy day

8 风
fēng
wind

9 刮 风
guā fēng
windy

10 雨
yǔ
rain

11 下 雨
xià yǔ
raining

12 闪 电
shǎn diàn
lightning

13 打 雷
dǎ léi
thunder

14 雷 阵 雨
léi zhèng yǔ
thunderstorm

15 雪
xuě
snow

16 下 雪
xià xuě
to snow

17 台 风
tái fēng
typhoon

39 今天的天气很好。 明天会下雨。
Jīn tiān de tiān qì hěn hǎo. Míng tiān huì xià yǔ.
It's a beautiful day today. Tomorrow will be rainy.

40 今天太热。 明天会很冷。
Jīn tiān tài rè. Míng tiān huì hěn lěng.
It is too hot today. Tomorrow will be cooler.

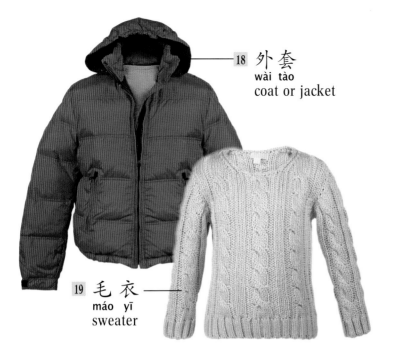

18 外套
wài tào
coat or jacket

19 毛衣
máo yī
sweater

Additional Vocabulary

32 天 气
tiān qì
weather

33 天 气 预 报
tiān qì yù bào
weather forecast

34 好 天 气
hǎo tiān qì
good weather

35 坏 天 气
huài tiān qì
bad weather

36 天 气 晴 朗
tiān qì qíng lǎng
sunny weather

37 空 气 污 染
kōng qì wū rǎn
air pollution

38 飓 风
jù fēng
hurricane

20 热
rè
hot

21 天 气 炎 热
tiān qì yán rè
hot weather

22 冷
lěng
cold

23 天 气 寒 冷
tiān qì hán lěng
cold weather

24 云
yún
cloud

25 雾
wù
fog

26 太 阳
tài yáng
sun

27 月 亮
yuè liàng
moon

30 帽 子
mào zi
hat

28 暴 雨
bào yǔ
rainstorm

29 冰 雹
bīng báo
hail

31 手 套
shǒu tào
gloves

37

15

谈时间
Tán shí jiān
Telling time

1 小时
xiǎo shí
hour

2 分钟
fēn zhōng
minute

3 秒
miǎo
second

6 时钟
shí zhōng
clock

4 六点
liù diǎn
6 o'clock

5 六点零五分
liù diǎn líng wǔ fēn
five minutes
past six

8 六点十五分／
liù diǎn shí wǔ fēn／
六点一刻
liù diǎn yī kè
fifteen minutes past six

9 六点半
liù diǎn bàn
half past six

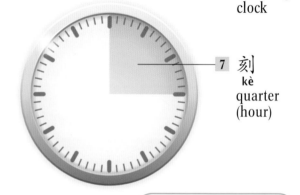

7 刻
kè
quarter
(hour)

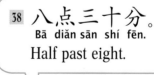

37 几点了？
Jǐ diǎn le?
What's the time?

38 八点三十分。
Bā diǎn sān shí fēn.
Half past eight.

10 六点四十五／
liù diǎn sì shí wǔ／
差一刻七点
chā yī kè qī diǎn
fifteen minutes to
seven

11 六点五十五／
liù diǎn wǔ shí wǔ／
差五分七点
chā wǔ fēn qī diǎn
five minutes to seven

39 对不起，我迟到了。
Duì bù qǐ, wǒ chí dào le.
Sorry, I'm late.

40 没关系。
Méi guān xi.
It's OK.

17 时 间
shí jiān
time

18 早 上
zǎo shàng
early morning

19 上 午
shàng wǔ
in the morning;
a.m.

20 中 午
zhōng wǔ
noon

21 下 午
xià wǔ
in the afternoon;
p.m.

22 午 夜
wǔ yè
midnight

23 准 时
zhǔn shí
punctual

24 早
zǎo
early

25 迟
chí
late

26 点
diǎn
o'clock

27 之 后
zhī hòu
later

28 之 前
zhī qián
before

29 之 间
zhī jiān
between; among

30 一 段 时 间
yí duàn shí jiān
a brief moment

31 刚 才
gāng cái
a moment ago

32 过 去
guò qù
(in the) past

33 经 常
jīng cháng
frequently

34 一 会 儿
yí huì er
in a moment

35 突 然
tū rán
sudden

36 终 于
zhōng yú
finally

12 闹 钟
nào zhōng
alarm clock

13 秒 表
miǎo biǎo
stopwatch

14 智 能 手 表
zhì néng shǒu biǎo
smartwatch

15 表
biǎo
wrist watch

41 下午三点见！
Xià wǔ sān diǎn jiàn!
See you at 3 p.m.!

16 晚 上
wǎn shàng
night

年和日期
Nián hé rì qī
Years and dates

16

4 年
nián
year

1 日 历
rì lì
calendar

2 月
yuè
month

3 日
rì
day

JANUARY 2017

SUNDAY	MONDAY	TUESDAY	WEDNESDAY	THURSDAY	FRIDAY	SATURDAY
New Year's Day 1	2	3	4	5	6	7
8	9	10	11	12	13	14
15 Martin Luther King Jr. Day	16	17	18	19	20	21
22	23	24	25	26	27	28
29	30	31				

9 星期日 xīng qī rì Sunday
10 星期一 xīng qī yī Monday
11 星期二 xīng qī èr Tuesday
12 星期三 xīng qī sān Wednesday
13 星期四 xīng qī sì Thursday
14 星期五 xīng qī wǔ Friday
15 星期六 xīng qī liù Saturday

5 星 期 日 (天)
xīng qī rì (tiān)
Sunday

6 昨 天
zuó tiān
yesterday

7 今 天
jīn tiān
today

8 明 天
míng tiān
tomorrow

45 我有写日记的习惯。
Wǒ yǒu xiě rì jì de xí guàn.
I like to keep a diary.

46 今天是 1 月 27 号，星期五。
Jīn tiān shì yī yuè èr shí qī hào, xīng qī wǔ.
Today is Friday, January 27.

47 昨天是 1 月 26 号，星期四。
Zuó tiān shì yī yuè èr shí liù hào, xīng qī sì.
Yesterday was Thursday, January 26.

48 明天会是 1 月 28 号，星期六。
Míng tiān huì shì yī yuè èr shí bā hào, xīng qī liù.
Tomorrow will be Saturday, January 28.

How to express years, months and dates in Chinese:

In Chinese, one reads the digits of the year followed by 年 nián (which means "year").

2017 is 二零一七年 èr líng yī qī nián   1994 is 一九九四年 yī jiǔ jiǔ sì nián

2000 is 二零零零年 èr líng líng líng nián   2013 is 二零一三年 èr líng yī sān nián

The 12 months of the year in Chinese are:

16 January 一月 yī yuè   20 May 五月 wǔ yuè   24 September 九月 jiǔ yuè

17 February 二月 èr yuè   21 June 六月 liù yuè   25 October 十月 shí yuè

18 March 三月 sān yuè   22 July 七月 qī yuè   26 November 十一月 shí yī yuè

19 April 四月 sì yuè   23 August 八月 bā yuè   27 December 十二月 shí èr yuè

Dates are expressed as the date plus 号 hào (which means "date"). For example:

February 5   二月五号 èr yuè wǔ hào

March 31   三月三十一号 sān yuè sān shí yī hào

April 1   四月一号 sì yuè yī hào

July 4   七月四号 qī yuè sì hào

December 25 十二月二十五号 shí èr yuè èr shí wǔ hào

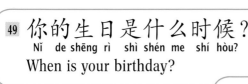

49 你的生日是什么时候？
Nǐ de shēng rì shì shén me shí hòu?
When is your birthday?

50 我的生日是 1 月 31 号。
Wǒ de shēng rì shì 1 yuè 31 hào.
My birthday is on January 31.

Additional Vocabulary

28 去年
qù nián
last year

29 前年
qián nián
the year before

30 今年
jīn nián
this year

31 明年
míng nián
next year

32 后年
hòu nián
the year after next

33 星期
xīng qī
week

34 岁
suì
years (of age)

35 闰年
rùn nián
leap year

36 号
hào
day of a month

37 十年
shí nián
decade
(10 years)

38 世纪
shì jì
century
(100 years)

39 千年
qiān nián
millennium
(1000 years)

40 上个星期
shàng gè xīng qī
last week

41 上个月
shàng gè yuè
last month

42 下个星期
xià gè xīng qī
next week

43 下个月
xià gè yuè
next month

44 日记
rì jì
diary

一年的四季
Yì nián de sì jì
The seasons of the year

17

1 春
chūn
spring

2 夏
xià
summer

3 秋
qiū
autumn/fall

4 冬
dōng
winter

5 温暖
wēn nuǎn
warm

6 微风
wēi fēng
a gentle breeze

7 桃花
táo huā
peach
blossoms

8 开花
kāi huā
to flower

9 细雨
xì yǔ
to drizzle

10 遮阳伞
zhē yáng sǎn
sun shade

11 戏水
xì shuǐ
water play

12 堆 雪 人
duī xuě rén
to make a snowman

The changing colors of the seasons.
季节的颜色变化。 Jì jié de yán sè biàn huà.

春 chūn
spring blossoms

夏 xià
summer greenery

秋 qiū
autumn foliage

冬 dōng
winter snow

13 收 获
shōu huò
to harvest

14 扇 子
shàn zi
fan

15 打 雪 仗
dǎ xuě zhàng
snowball fights

16 防 晒 油／霜
fáng shài yóu / shuāng
sunblock lotion

17 庄 稼
zhuāng jiā
crops

Additional Vocabulary

18 四 季
sì jì
four seasons

19 先
xiān
former

20 其 实
qí shí
actually

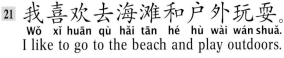

21 我喜欢去海滩和户外玩耍。
Wǒ xǐ huān qù hǎi tān hé hù wài wán shuǎ.
I like to go to the beach and play outdoors.

22 一年有几个季节？
Yì nián yǒu jǐ gè jì jié?
How many seasons are there in a year?

23 一年有四季。
Yì nián yǒu sì jì.
There are four seasons in a year.

24 你最喜欢哪个季节？
Nǐ zuì xǐ huān nǎ gè jì jié?
Which season do you like best?

25 我最喜欢的季节是夏天。
Wǒ zuì xǐ huān de jì jié shì xià tiān.
My favorite season is summer.

欢庆节日
Huān qìng jié rì
Celebrating the holidays

18

1 节日
jié rì
festival, holiday

2 新年
xīn nián
New Year

3 烟花
yān huā
fireworks

4 元旦
yuán dàn
New Year's Day

5 除夕
chú xī
Chinese New Year's Eve

6 春节
chūn jié
Spring Festival
(Chinese New Year)

7 元宵节
yuán xiāo jié
Lantern Festival

8 清明节
qīng míng jié
Qingming Festival

9 赛龙舟
sài lóng zhōu
Dragon Boat Festival

10 龙舟赛
lóng zhōu sài
dragon boat races

11 粽子
zòng zi
rice dumplings

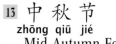

12 月饼
yuè bǐng
mooncakes

13 中秋节
zhōng qiū jié
Mid-Autumn Festival

38 新年快乐！
Xīn nián kuài lè!
Happy New Year!

14 父亲节
fù qīn jié
Father's Day

15 母亲节
mǔ qīn jié
Mother's Day

16 情人节
qíng rén jié
Valentine's Day

17 巧克力
qiǎo kè lì
chocolates

18 玫瑰
méi guī
roses

19 感恩节
gǎn ēn jié
Thanksgiving

20 万圣节前夕
wàn shèng jié qián xī
Halloween

21 复活节
fù huó jié
Easter

22 国庆节
guó qìng jié
National Day

26 生日
shēng rì
birthday

27 参加生日派对
cān jiā shēng rì pài duì
attend a birthday party

28 暑假
shǔ jià
summer vacation

29 寒假
hán jià
winter vacation

30 学校假期
xué xiào jià qī
school holidays

31 周年
zhōu nián
anniversary

32 黄金周
huáng jīn zhōu
Golden Week

33 双十节
shuāng shí jié
Double Ten

34 光棍节
guāng gùn jié
Singles' Day

35 生日快乐！
shēng rì kuài lè!
Happy birthday!

23 礼物
lǐ wù
gift

36 圣诞节快乐！
Shèng dàn jié kuài lè!
Merry Christmas!

24 圣诞节
shèng dàn jié
Christmas

25 圣诞老人
shèng dàn lǎo rén
Santa Claus

37 请跟我们一起过春节。
Qǐng gēn wǒ mén yì qǐ guò chūn jié.
Please join us for the Chinese New Year celebrations.

19 我 爱 学 习
Wǒ ài xué xí
I love to learn

1 考 试
kǎo shì
exams

2 读
dú
reading

3 学 习
xué xí
to learn; to study

4 数 学
shù xué
mathematics

5 体 育
tǐ yù
physical education

6 回 答
huí dá
to answer

7 书
shū
book

8 新 闻
xīn wén
the news

9 报 纸
bào zhǐ
newspaper

10 杂 志
zá zhì
magazine

12 信
xìn
letter

11 字 典
zì diǎn
dictionary

13 笔
bǐ
pen

14 橡 皮
xiàng pí
eraser

15 记号笔
jì hào bǐ
marker pen

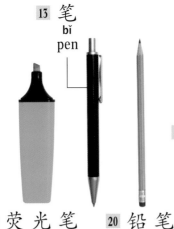

16 削笔刀
xiāo bǐ dāo
pencil
sharpener

17 尺, 直尺
chǐ, zhí chǐ
ruler

18 记事本
jì shì běn
notebook

19 荧光笔
yíng guāng bǐ
highlighter

20 铅 笔
qiān bǐ
pencil

21 剪刀
jiǎn dāo
scissors

Additional Vocabulary

22 年级
nián jí
grade; class

23 懂
dǒng
to understand

24 练习
liàn xí
to practice

25 复习
fù xí
to review

26 问题
wèn tí
a question;
problem

27 功课
gōng kè
homework

28 文学
wén xué
literature

29 历史
lì shǐ
history

30 字
zì
word

31 故事
gù shì
story

32 作业
zuò yè
assignment

33 爱
ài
love

34 几何学
jǐ hé xué
geometry

35 科学
kē xué
science

36 社会学
shè huì xué
social studies

37 经济学
jīng jì xué
economics

38 代数
dài shù
algebra

39 物理
wù lǐ
physics

40 化学
huà xué
chemistry

41 生物学
shēng wù xué
biology

42 微积分
wēi jī fēn
calculus

43 地理
dì lǐ
geography

44 测验
cè yàn
test

45 才/才能
cái/ cái néng
talent; ability

46 认真
rèn zhēn
conscientious;
serious

47 水平
shuǐ píng
level (of
achievement)

48 提高
tí gāo
to improve

49 极
jí
top; extreme

50 了解
liǎo jiě
to understand

51 作用
zuò yòng
purpose

52 我爱书！
Wǒ ài shū!
I love books!

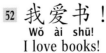

53 你最喜欢的科目是什么？
Nǐ zuì xǐ huān de kē mù shì shén me?
What is your favorite subject?

54 我喜欢文学和历史。
Wǒ xǐ huān wén xué hé lì shǐ.
I like literature and history.

20 在学校
Zài xué xiào
At school

1 白板
bái bǎn
whiteboard

2 黑板
hēi bǎn
blackboard

3 图书馆
tú shū guǎn
library

4 教室
jiào shì
classroom

5 教
jiāo
to teach

6 老师
lǎo shī
teacher

12 科学
kē xué
science

7 复印机
fù yìn jī
photocopier

8 复印
fù yìn
to photocopy

9 举手
jǔ shǒu
raise your hand

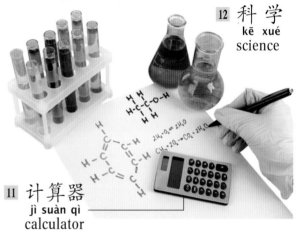

10 教授
jiào shòu
professor

11 计算器
jì suàn qì
calculator

13 同学
tóng xué
classmates

14 讲堂
jiǎng táng
lecture hall

15 学生
xué shēng
student

51 你的作业需要帮忙吗？
Nǐ de zuò yè xū yào bāng máng ma?
Do you need help with your assignment?

16 学 校
xué xiào
school

17 校 长
xiào zhǎng
principal

18 先 生
xiān shēng
teacher

19 礼 堂
lǐ táng
auditorium

20 电 脑 教 室
diàn nǎo jiào shì
computer lab

21 实 验 室
shí yàn shì
laboratory

22 字 母
zì mǔ
alphabet

23 成 绩
chéng jì
grades

24 聪 明
cōng míng
intelligent; clever

25 课 本
kè běn
textbook

26 练 习 本
liàn xí běn
workbook

27 私 立 学 校
sī lì xué xiào
private school

28 公 立 学 校
gōng lì xué xiào
public school

29 幼 儿 园
yòu ér yuán
nursery school

30 上 小 学
shàng xiǎo xué
to attend elementary school

31 小 学
xiǎo xué
elementary school

32 中 学
zhōng xué
middle school

33 高 中
gāo zhōng
senior high school

34 大 学
dà xué
university; college

35 大 一
dà yī
freshman year in college

36 大 二
dà èr
sophomore year in college

37 大 三
dà sān
junior year in college

38 大 四
dà sì
senior year in college

39 夜 校
yè xiào
night class

40 攻 读
gōng dú
to major

41 题
tí
topic

42 必 须
bì xū
must

43 又
yòu
also

44 越
yuè
to exceed

45 毕 业
bì yè
to graduate

46 你上几年级了？
Nǐ shàng jǐ nián jí le?
What year are you?

47 我是大二学生。
Wǒ shì dà èr xué shēng.
I'm a sophomore in college.

48 我正在攻读数学专业。
Wǒ zhèng zài gōng dú shù xué zhuān yè.
I'm majoring in math.

49 你的专业是什么？
Nǐ de zhuān yè shì shén me?
What is your major?

50 你一定很聪明！
Nǐ yí dìng hěn cōng míng!
You must be very smart!

学汉语
Xué hàn yǔ
21 Learning Mandarin Chinese

1 中文不是一种难说的语言。
Zhōng wén bù shì yī zhǒng nán shuō de yǔ yán.
Chinese is not a difficult language to speak.

2 但是，要学习四个音调需要时间。
Dàn shì, yào xué xí sì gè yīn diào xū yào shí jiān.
But it takes time to learn the four tones.

The four main tones in Chinese are:

High Level | Rising | Falling rising | Falling
Tone 1 | Tone 2 | Tone 3 | Tone 4

Each tone and syllable combination has a different meaning:

妈	麻	马	骂
mā	má	mǎ	mà
mother	hemp	horse	scold

4 单词卡／生词卡
dān cí kǎ / shēng cí kǎ
flashcards

3 困难的是学习书写中文字。
Kùn nán de shì xué xí shū xiě zhōng wén zì.
And learning all the written characters is difficult.

5 书法
shū fǎ
calligraphy

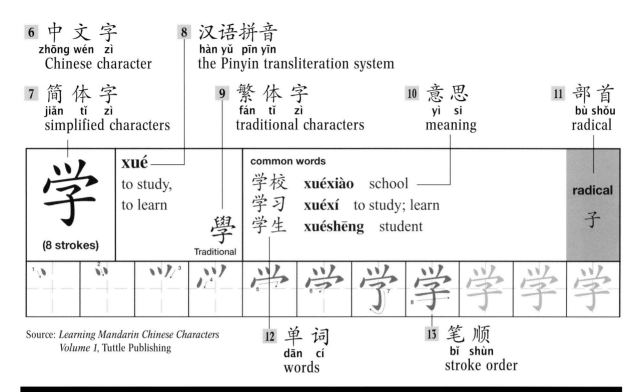

6 中文字
zhōng wén zì
Chinese character

8 汉语拼音
hàn yǔ pīn yīn
the Pinyin transliteration system

7 简体字
jiǎn tǐ zì
simplified characters

9 繁体字
fán tǐ zì
traditional characters

10 意思
yì si
meaning

11 部首
bù shǒu
radical

学

xué
to study,
to learn

(8 strokes)

學

Traditional

common words

学校 **xuéxiào** school
学习 **xuéxí** to study; learn
学生 **xuéshēng** student

radical

子

Source: *Learning Mandarin Chinese Characters
Volume 1*, Tuttle Publishing

12 单词
dān cí
words

13 笔顺
bǐ shùn
stroke order

Additional Vocabulary

14 汉语
hàn yǔ
Chinese language

15 普通话
pǔ tōng huà
Mandarin; the
common language
of the Chinese
people

16 中文
zhōng wén
Chinese
(language)

17 词汇
cí huì
vocabulary

18 声调
shēng diào
tone (of a Chinese
character)

19 口音
kǒu yīn
accent

20 成语
chéng yǔ
idiom

21 句子
jù zi
sentence

22 短语
duǎn yǔ
phrase

23 短文
duǎn wén
short essay

24 诗
shī
poem

25 文章
wén zhāng
essay

26 文化
wén huà
culture

27 语法
yǔ fǎ
grammar

28 翻译
fān yì
translation

29 语言学
yǔ yán xué
linguistics

30 课
kè
lesson

31 课程
kè chéng
course; academic
program

32 作业
zuò yè
assignment

33 作业本
zuò yè běn
exercise book

34 简单
jiǎn dān
simple

35 明白
míng bái
to understand

36 容易
róng yì
easy

37 困难
kùn nán
difficult

38 训练
xùn liàn
to drill

39 努力
nǔ lì
to strive

40 准备
zhǔn bèi
to prepare

51

量词
Liàng cí
22 Counting words
Also known as "measure words"

1 两包糖
liǎng bāo táng
two packets of sugar

2 三本书
sān běn shū
three books

3 一双鞋
yì shuāng xié
one pair of shoes

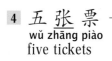

4 五张票
wǔ zhāng piào
five tickets

5 八件衣服
bā jiàn yī fú
eight pieces of clothing

6 一碗汤
yì wǎn tāng
one bowl of soup

8 一把椅子
yì bǎ yǐ zi
one chair

7 三辆车
sān liàng chē
three cars

Counting words or measure words are used to quantify things, just as in English when we say "three <u>sheets</u> of paper" or "two <u>cups</u> of coffee."

Some common measure words in Chinese are listed below.

MEASURE WORDS	MAIN USES	EXAMPLES
包 bāo	Packets, packages, bundles	13 一包饼干 yì bāo bǐng gān *a packet of cookies*
本 běn	Books, periodicals, files, etc	14 一本字典 yì běn zì diǎn *a dictionary*
双 shuāng	Objects that come in pairs	15 两双袜子 liǎng shuāng wà zi *two pairs of socks*
件 jiàn	Events (issues, matters), clothing, furniture	16 三件行李箱 sān jiàn xíng lǐ xiāng *three pieces of luggage*
张 zhāng	Flat objects, sheets	17 四张照片 sì zhāng zhào piàn *four photographs*
碗 wǎn	Food served in bowl (e.g., rice, soup, noodles, etc.)	18 六碗米饭 liù wǎn mǐ fàn *six bowls of rice*
班 bān	Groups of people, scheduled transport services (e.g., train, planes)	19 下一班飞机 xià yī bān fēi jī *the next flight*
个 gè	General measure word for individual things, people	20 四个哥哥 sì gè gē ge *four older brothers*
辆 liàng	Vehicles (except trains)	21 几辆脚踏车 jǐ liàng jiǎo tà chē *several bicycles*
层 céng	Floor/story (as in a building), layer	22 第五层 dì wǔ céng *the fifth floor*
杯 bēi	Liquid (e.g., drinks/beverages) served in cups or glasses	23 一杯咖啡 yì bēi kā fēi *a cup of coffee*
把 bǎ	Objects with handles, small objects	24 一把伞 yì bǎ sǎn *an umbrella*
公斤 gōng jīn	kilogram (to express in weights)	25 一公斤苹果 yì gōng jīn píng guǒ *1 kg of apples*

11 四 层 楼
sì céng lóu
four-story building

12 两 杯 茶
liǎng bēi chá
two cups of tea

9 一 班 人
yì bān rén
one group of people

10 六 个 人
liù gè rén
six people

电脑和网络
Diàn nǎo hé wǎng luò

23 | Computers and the Internet

1 电脑
diàn nǎo
computers

2 显示屏
xiǎn shì píng
screen

3 平板电脑
píng bǎn diàn nǎo
tablet

4 台式电脑
tái shì diàn nǎo
desktop computer

5 键盘
jiàn pán
keyboard

6 笔记本电脑
bǐ jì běn diàn nǎo
laptop

7 在中国很容易上网。
Zài Zhōng guó hěn róng yì shàng wǎng.
It is easy to get online in China.

10 鼠标
shǔ biāo
mouse

8 电子游戏
diàn zǐ yóu xì
video game

9 鼠标垫
shǔ biāo diàn
mousepad

11 扫描
sǎo miáo
to scan

12 光盘
guāng pán
CD/DVD

13 U盘
U pán
USB flash drive

14 端口
duān kǒu
ports

15 电子邮件
diàn zǐ yóu jiàn
email

16 登 入
dēng rù
to sign in

17 密 码
mì mǎ
password

18 网 站
wǎng zhàn
website

19 软 件
ruǎn jiàn
software

20 操 作 系 统
cāo zuò xì tǒng
operating system

21 病 毒
bìng dú
virus

22 文 件 夹
wén jiàn jiá
file

23 联 网
lián wǎng
networking

24 网 页
wǎng yè
web page

25 网 页 设 计
wǎng yè shè jì
web design

26 网 页 地 址
wǎng yè dì zhǐ
web address/URL

27 应 用 程 序
yìng yòng chéng xù
application (computer program)

28 因 特 网 接 入
yīn tè wǎng jiē rù
Internet access

29 点 击
diǎn jī
to click

30 下 载
xià zǎi
to download

31 上 网
shàng wǎng
to go online

32 网 上
wǎng shàng
online

33 聊 天 室
liáo tiān shì
chat room

34 网 卡
wǎng kǎ
network card

35 多 媒 体
duō méi tǐ
multimedia

36 博 客 / 网 志
bó kè / wǎng zhì
blog

37 浏 览 器
liú lǎn qì
browser

38 在 线 聊 天
zài xiàn liáo tiān
to chat online

39 网 络 安 全
wǎng luò ān quán
network security

40 发 电 子 邮 件
fā diàn zǐ yóu jiàn
to send email

41 网 络 搜 索
wǎng luò sōu suǒ
online search

42 无 线 网 络
wú xiàn wǎng luò
wifi

43 有 线 网 络
yǒu xiàn wǎng luò
cable network

44 根 据
gēn jù
according to

45 然 后
rán hòu
after that

46 因 为
yīn wéi
because

47 而 且
ér qiě
in addition

48 非 常
fēi cháng
extraordinary

49 我 的 爱 好 是 网 络 游 戏。
Wǒ de ài hào shì wǎng luò yóu xì.
My hobby is online gaming.

50 我 们 上 网 聊 天 吧。
Wǒ men shàng wǎng liáo tiān ba.
Let's chat online.

51 你 使 用 什 么 应 用 程 序? 我 使 用 微 信。
Nǐ shǐ yòng shén me yìng yòng chéng xù? Wǒ shǐ yòng wēi xìn.
What app do you use? I use WeChat.

52 好 吧, 我 现 在 通 过 电 脑 把 文 件 发 送 给 你。
Hǎo ba, wǒ xiàn zài tōng guò diàn nǎo bǎ wén jiàn fā sòng gěi nǐ.
Okay, I'm now sending you the documents via computer.

24

我爱我的智能手机！
Wǒ ài wǒ de zhì néng shǒu jī!
I love my smartphone!

1 智能手机
zhì néng shǒu jī
smartphone

2 网友
wǎng yǒu
online friends

3 网购
wǎng gòu
online shopping

4 网吧
wǎng bā
internet cafes

5 推特
Tuī tè
Twitter

6 微信
wēi xìn
WeChat

7 安卓手机
Ān zhuó shǒu jī
Android phones

8 苹果手机
Píng guǒ shǒu jī
Apple phones
(iPhones)

9 手机
shǒu jī
mobile phone

10 打电话
dǎ diàn huà
to make a
phone call

11 接电话
jiē diàn huà
to receive a
phone call

Additional Vocabulary

24 电话号码
diàn huà hào mǎ
telephone number

30 电话卡
diàn huà kǎ
phone cards

25 网络
wǎng luò
network; Internet

31 长途电话
cháng tú diàn huà
long distance call

26 网络语言
wǎng luò yǔ yán
Internet language

32 国家代码
guó jiā dài mǎ
country code

27 收发短信
shōu fā duǎn xìn
texting

33 区域号码
qū yù hào mǎ
area code

28 互联网俚语
hù lián wǎng lǐ yǔ
Internet slang

34 视频
shì pín
video

29 电话充电器
diàn huà chōng diàn qì
phone charger

35 用户识别卡
yòng hù shí bié kǎ
SIM card

12 强 信 号
qiáng xìn hào
strong signal

13 弱 信 号
ruò xìn hào
weak signal

14 自 拍
zì pāi
selfie

15 群 拍
qún pāi
wefie

Some common telephone phrases:

36 喂 ！ / 我 是 (name)。
Wéi? / Wǒ shì (name).
Hello? / This is (name).

37 请问 (name) 在吗？
Qǐng wèn (name) zài ma?
May I speak to (name)?

38 请他/她给我回个电话。
Qǐng tā/tā gěi wǒ huí gè diàn huà.
Please ask him/her to return my call.

39 现在说话方便吗？
Xiàn zài shuō huà fāng biàn ma?
Is it convenient to talk now?

40 你能说大声点吗？
Nǐ néng shuō dà shēng diǎn ma?
Could you speak up?

41 对不起，你打错了。
Duì bù qǐ, nǐ dǎ cuò le.
Sorry, you dialed the wrong number.

42 请等一下。 Qǐng děng yī xià.
Please wait a moment.

43 请留言。 Qǐng liú yán.
Please leave a message.

44 请问是谁？ Qǐng wèn shì shéi?
Who's calling, please?

45 你能说慢点吗？
Nǐ néng shuō màn diǎn ma?
Could you speak a little slower?

16 阿 里 巴 巴
Ā lǐ bā ba
Alibaba

17 百 度
Bǎi dù
Baidu

18 脸 书
Liǎn shū
Facebook

19 谷 歌
Gǔ gē
Google

20 淘 宝 网
Táo bǎo wǎng
Taobao

21 腾 讯
Téng xùn
Tencent

22 苹 果 公 司
Píng guǒ gōng sī
Apple

23 微 软
Wēi ruǎn
Microsoft

谈工作
Tán gōng zuò
At work

25

9 建 筑 师
jiàn zhù shī
architect

10 话 务 员
huà wù yuán
telephone operator

1 律 师
lǜ shī
lawyer

2 法 官
fǎ guān
judge

3 金 融 家
jīn róng jiā
financier

4 工 程 师
gōng chéng shī
engineer

15 办 公 室
bàn gōng shì
office

5 会 计 师
kuài jì shī
accountant

6 药 剂 师
yào jì shī
pharmacist

7 艺 术 家
yì shù jiā
artist

8 音 乐 家
yīn yuè jiā
musician

16 经 理
jīng lǐ
manager

17 秘 书
mì shū
secretary

11 厨 师
chú shī
chef

12 摄 影 师
shè yǐng shī
photographer

13 飞 行 员
fēi xíng yuán
pilot

14 牙 医
yá yī
dentist

18 消 防 员
xiāo fáng yuán
firefighter

19 农 民
nóng mín
farmer

Additional Vocabulary

20 公 司
gōng sī
company

21 企 业 家
qǐ yè jiā
entrepreneur

22 检 查
jiǎn chá
to inspect

23 上 班
shàng bān
going to work

24 同 事
tóng shì
colleague

25 工 作
gōng zuò
work

26 员 工
yuán gōng
employee

27 学 徒
xué tú
apprentice

28 实 习
shí xí
to intern

29 轮 班
lún bān
shift work

30 加 班
jiā bān
to work overtime

31 服 务 员
fú wù yuán
service provider

32 办 法
bàn fǎ
method

33 机 会
jī huì
opportunity

34 职 位
zhí wèi
position

35 总 是
zǒng shì
always

36 你做什么样的工作？我在医院工作。
Nǐ zuò shén me yàng de gōng zuò? Wǒ zài yī yuàn gōng zuò.
What sort of work do you do? I work in a hospital.

37 我正在接受培训，将要成为一名医生。
Wǒ zhèng zài jiē shòu péi xùn, jiāng yào chéng wéi yì míng yī shēng.
I'm training to be a doctor.

38 我每天早上8点45分上班去。
Wǒ měi tiān zǎo shàng 8 diǎn 45 fēn shàng bān qù.
I go to work at 8:45 a.m. every morning.

载歌载舞
zǎi gē zǎi wǔ

26 Music and dance

1 吉他
jí tā
guitar

2 琵琶
pí pá
pipa

3 小提琴
xiǎo tí qín
violin

4 二胡
èr hú
Chinese
2-string fiddle

5 跳舞
tiào wǔ
to dance

6 鼓
gǔ
drums

7 古筝
gǔ zhēng
Chinese zither

8 钢琴
gāng qín
piano

9 喇叭
lǎ bā
trumpet

10 笛子
dí zi
flute

11 卡拉OK
kǎ lā o k
karaoke

12 唱 歌
chàng gē
to sing

13 音 乐 会
yīn yuè huì
concert

14 观 众
guān zhòng
audience

15 京 戏
jīng xì
Beijing
opera

16 演 员
yǎn yuán
actor; actress

17 大 提 琴
dà tí qín
cello

18 流 行 乐 队
liú xíng yuè duì
pop group

19 欣 赏
xīn shǎng
to appreciate;
to enjoy

20 音 乐
yīn yuè
music

21 舞 蹈
wǔ dǎo
dance
(performance art)

22 表 演
biǎo yǎn
to perform

23 节 目
jié mù
program

24 流行音乐
liú xíng yīn yuè
pop music

25 弹
tán
to play a string
instrument

26 耳 机
ěr jī
earphones

27 演 奏
yǎn zòu
to perform
(on a musical
instrument)

28 乐 队
yuè duì
band; orchestra

29 歌 手
gē shǒu
singer

30 兴 趣
xìng qù
hobby

31 有 名
yǒu míng
famous

32 表 示
biǎo shì
to express

33 你会弹吉他吗？
Nǐ huì tán jí tā ma?
Can you play the guitar?

34 你喜欢哪种音乐？
Nǐ xǐ huān nǎ zhǒng yīn yuè?
What kind of music do you like?

看病
kàn bìng
Seeing a doctor

27

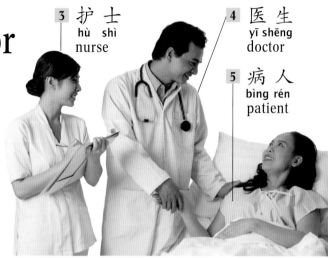

3 护士
hù shì
nurse

4 医生
yī shēng
doctor

5 病人
bìng rén
patient

1 医院
yī yuàn
hospital

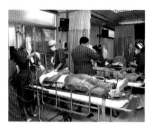

2 急诊室
jí zhěn shì
emergency room

6 抽血
chōu xuě
to draw blood

7 验血
yàn xuě
blood test

8 化验
huà yàn
laboratory test

9 血压
xuè yā
blood pressure

10 感冒
gǎn mào
to catch a cold

11 咳嗽
ké sòu
to cough

12 发烧
fā shāo
fever

13 生病
shēng bìng
to fall sick

14 吃药
chī yào
to take medicine

15 药
yào
medicine

16 药丸/片
yào wán/piàn
pills

17 打针
dǎ zhēn
injection

18 诊所
zhěn suǒ
doctor's consultation room

19 等候室
děng hòu shì
waiting room

20 预约
yù yuē
appointment

21 救护车
jiù hù chē
ambulance

22 牙科
yá kē
dentistry

23 内科
nèi kē
general medicine

24 外科
wài kē
general surgery

25 五官科
wǔ guān kē
ear, nose, and throat

26 儿科
ér kē
pediatrics

27 妇科
fù kē
gynecology

28 眼科
yǎn kē
ophthalmology

29 皮肤科
pí fū kē
dermatology

30 肿瘤科
zhǒng liú kē
oncology

31 物理疗法
wù lǐ liáo fǎ
physiotherapy

32 神经内科
shén jīng nèi kē
neurology

33 放射科
fàng shè kē
radiology

34 意外
yì wài
accident

35 药方
yào fāng
prescription

36 防腐剂
fáng fǔ jì
antiseptic

37 药膏
yào gāo
ointment

38 伤口
shāng kǒu
wound; cut

39 紧急
jǐn jí
emergency

40 疼
téng
hurts

41 累
lèi
tired; worn out

42 觉得
jué dé
to feel

43 从
cóng
from

44 几次
jǐ cì
several times

45 担心
dān xīn
anxious; worried

46 发现
fā xiàn
to discover

47 放心
fàng xīn
to feel reassured

48 关心
guān xīn
to be concerned about

49 关于
guān yú
pertaining to

50 希望
xī wàng
hope

51 重要
zhòng yào
important

52 主要
zhǔ yào
main

53 药箱
yào xiāng
first aid kit

54 绷带
bēng dài
bandage

55 哪里不舒服？
Nǎ lǐ bù shū fu?
What is wrong?

57 我感到不适。
Wǒ gǎn dào bú shì.
I am not feeling well.

58 我要看医生。
Wǒ yào kàn yī shēng.
I would like to see a doctor.

59 你有预约吗？
Nǐ yǒu yù yuē ma?
Do you have an appointment?

56 我发烧和喉咙痛。
Wǒ fā shāo hé hóu lóng tòng
I have a fever and a sore throat.

28 保护我们的环境
Bǎo hù wǒ men de huán jìng
Protecting our environment

1 花园
huā yuán
garden

2 花
huā
flower

3 公园
gōng yuán
park

4 污染
wū rǎn
pollution

5 草
cǎo
grass

6 电动汽车
diàn dòng qì chē
electric car

7 海洋
hǎi yáng
ocean

8 河
hé
river

9 太阳能
tài yáng néng
solar energy

10 安静
ān jìng
quiet

43 这里的空气真清新！
Zhè lǐ de kōng qì zhēn qīng xīn!
The air here is really fresh!

12 风能
fēng néng
wind power

11 空气
kōng qì
air

13 防沙林
fáng shā lín
sand break

14 森林
sēn lín
forest

16 天然气
tiān rán qì
natural gas

17 核能
hé néng
nuclear energy

15 树
shù
tree

18 干净
gān jìng
clean

19 种
zhòng
plant

20 回收
huí shōu
recycling

21 清洁能源
qīng jié néng yuán
clean energy

22 油
yóu
oil

23 煤
méi
coal

24 空气质量
kōng qì zhì liàng
air quality

25 指数/索引
zhǐ shù/ suǒ yǐn
index

26 水
shuǐ
water

27 清洁
qīng jié
clean

28 环境
huán jìng
environment

29 口罩/面具
kǒu zhào/miàn jù
mask

30 变化
biàn huà
changes

31 地
dì
earth; ground

32 被
bèi
by

33 为
wèi
because of

34 为了
wèi le
for the purpose of

35 完
wán
complete

36 完成
wán chéng
to accomplish

37 影响
yǐng xiǎng
to affect

38 但是
dàn shì
but; however

39 当然
dāng rán
of course

40 如果
rú guǒ
if

41 虽然
suī rán
although

42 所以
suǒ yǐ
as a result of

44 你回收吗？
Nǐ huí shōu ma?
Do you recycle?

45 我回收玻璃、
Wǒ huí shōu bō lí,
纸和塑料。
zhǐ hé sù liào.
I recycle glass, paper and plastic.

动物世界
Dòng wù shì jiè
The animal kingdom

3 长 颈 鹿
cháng jǐng lù
giraffe

1 动 物 园
dòng wù yuán
zoo

2 斑 马
bān mǎ
zebra

29 这只动物比那只小。
Zhè zhī dòng wù bǐ nà zhī xiǎo.
This animal is smaller than that one.

30 你喜欢去动物园吗？
Nǐ xǐ huān qù dòng wù yuán ma?
Do you like going to the zoo?

31 动物园里有很多动物。
Dòng wù yuán lǐ yǒu hěn duō dòng wù.
There are many animals in the zoo.

4 老 虎
lǎo hǔ
tiger

5 狮 子
shī zi
lion

6 熊
xióng
bear

10 恐 龙
kǒng lóng
dinosaur

7 猴 子
hóu zi
monkey

8 大 猩 猩
dà xīng xing
gorilla

9 熊 猫
xióng māo
panda

11 羊
yáng
goat

12 绵羊
mián yáng
sheep

13 牛
niú
cow

14 大象
dà xiàng
elephant

15 马
mǎ
horse

16 狼
láng
wolf

17 蛇
shé
snake

18 孔雀
kǒng què
peacock

19 鸡
jī
chicken

20 鸟
niǎo
bird

21 狗
gǒu
dog

22 猫
māo
cat

23 龙
lóng
dragon

24 蚊子
wén zi
mosquito

25 苍蝇
cāng yīng
housefly

26 蜜蜂
mì fēng
bee

27 蝴蝶
hú dié
butterfly

28 鱼
yú
fish

Additional Vocabulary

32 多么
duō me
how (wonderful, etc.)

33 害怕
hài pà
to be afraid

34 可爱
kě ài
cute; adorable

35 它
tā
it

36 太
tài
very; extremely

37 相同
xiāng tóng
same; identical

38 像
xiàng
to resemble

39 出现
chū xiàn
to appear

40 敢
gǎn
to dare

41 奇怪
qí guài
strange

让我们保持健康！
Ràng wǒ men bǎo chí jiàn kāng!
Let's keep fit!

30

1 乒 乓 球
pīng pāng qiú
table tennis

2 踢 足 球
tī zú qiú
to play soccer

3 橄 榄 球
gǎn lǎn qiú
rugby

4 爬 山
pá shān
mountain
climbing

5 羽 毛 球
yǔ máo qiú
badminton

6 运 动
yùn dòng
to exercise;
sports

7 棒 球
bàng qiú
baseball

9 跑 步
pǎo bù
running

10 长 跑
cháng pǎo
long-distance
running

11 自 行 车
zì xíng chē
bicycle

8 短 跑
duǎn pǎo
sprint

12 骑 自 行 车
qí zì xíng chē
to cycle

13 比赛
bǐ sài
competition

14 终点线
zhōng diǎn xiàn
finish line

15 高尔夫球
gāo ěr fū qiú
golf

16 滑冰
huá bīng
ice-skating

17 滑雪
huá xuě
skiing

18 划船
huá chuán
rowing

19 游泳
yóu yǒng
swimming

Additional Vocabulary

25 运动装
yùn dòng zhuāng
sports shirt;
sweatshirt

26 运动鞋
yùn dòng xié
sports shoes;
sneakers

27 球
qiú
ball

28 健康
jiàn kāng
healthy

20 排球
pái qiú
volleyball

21 走
zǒu
walking

22 网球
wǎng qiú
tennis

23 球拍
qiú pāi
racket

29 你喜欢运动吗？
Nǐ xǐ huān yùn dòng ma?
Do you like to exercise?

30 你做什么运动？
Nǐ zuò shěn me yùn dòng?
What sports do you play?

31 我喜欢慢跑和打篮球。
Wǒ xǐ huān màn pǎo hé dǎ lán qiú.
I like to jog and play basketball.

24 打篮球
dǎ lán qiú
play basketball

你喜欢旅行吗？
Nǐ xǐ huān lǚ xíng ma?
Do you like to travel?

31

3 旅客
lǚ kè
traveler

4 行李
xíng lǐ
luggage

5 行李箱
xíng lǐ xiāng
suitcase

1 旅馆
lǚ guǎn
hotel

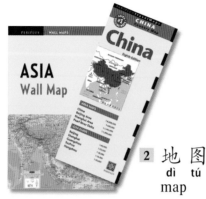

2 地图
dì tú
map

6 导游
dǎo yóu
tour guide

7 旅游景点
lǚ yóu jǐng diǎn
tourist attraction

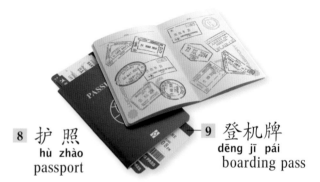

8 护照
hù zhào
passport

9 登机牌
dēng jī pái
boarding pass

10 乘飞机旅行
chéng fēi jī lǚ xíng
travel by airplane

11 乘火车旅行
chéng huǒ chē lǚ xíng
travel by rail

12 在巡航
zài xún háng
on a cruise

13 乘坐旅游巴士旅行
chéng zuò lǚ yóu bā shì lǚ xíng
on a coach

14 礼品店
lǐ pǐn diàn
souvenir shop

15 照相机
zhào xiàng jī
camera

16 照片
zhào piàn
photograph

70

17 旅 游
lǚ yóu
a trip; to travel

18 度 假
dù jià
vacation

19 机 票
jī piào
plane ticket

20 旅 馆 预 订
lǚ guǎn yù dìng
hotel reservation

21 货 币
huò bì
currency

22 签 证
qiān zhèng
visa

23 旅 行 指 南
lǚ xíng zhǐ nán
travel guidebook

24 旅 行 社
lǚ xíng shè
travel agency

25 接 种 疫 苗
jiē zhǒng yì miáo
vaccination

26 青 年 旅 馆
qīng nián lǚ guǎn
youth hostel

27 海 关
hǎi guān
customs

28 观 光 旅 游
guān guāng lǚ yóu
sightseeing

29 旅 游 信 息 台
lǚ yóu xìn xī tái
tourist information center

30 明 信 片
míng xìn piàn
postcard

31 免 费 无 线 网 络
miǎn fèi wú xiàn wǎng luò
free wifi

32 博 物 馆
bó wù guǎn
museum

33 海 滩
hǎi tān
beach

34 纪 念 碑
jì niàn bēi
monument

35 火 车 站
huǒ chē zhàn
train station

36 机 场
jī chǎng
airport

37 游 轮 中 心
yóu lún zhōng xīn
cruise center

38 宾 馆
bīn guǎn
guesthouse; lodge

39 饭 馆
fàn guǎn
restaurant

40 找 着
zhǎo zháo
to find

41 拿
ná
to take

42 遇 到
yù dào
to come across

43 注 意
zhù yì
to pay attention to

44 知 道
zhī dào
to become aware of

45 别
bié
another

46 别 人
bié rén
others

47 可 能
kě néng
maybe

48 你喜欢去哪里度假？
Nǐ xǐ huān qù nǎ lǐ dù jià?
Where do you like to go on vacation?

49 我喜欢去北京。
Wǒ xǐ huān qù Běi jīng.
I like to go to Beijing.

50 我要一张去上海的二等座返程火车票。
Wǒ yào yì zhāng qù Shàng hǎi de èr děng zuò fǎn chéng huǒ chē piào.
I'd like a second class return train ticket to Shanghai.

51 他环游世界旅行。
Tā huán yóu shì jiè lǚ xíng.
He made a round-the-world trip.

52 我喜欢乘坐同一家航空公司的飞机，以获得里程积分。
Wǒ xǐ huān chéng zuò tóng yì jiā háng kōng gōng sī de fēi jī, yǐ huò dé lǐ chéng jī fēn.
I like to fly on the same airline to get mileage points.

世界上的国家
Shì jiè shàng de guó jiā
32 Countries of the world

1 东南亚国家
Dōng nán yà guó jiā
Countries in Southeast Asia

2 泰国
Tài guó
Thailand

3 缅甸
Miǎn diàn
Myanmar

4 越南
Yuè nán
Vietnam

5 菲律宾
Fēi lǜ bīn
Philippines

6 老挝
Lǎo wō
Laos

7 柬埔寨
Jiǎn pǔ zhài
Cambodia

8 马来西亚
Mǎ lái xī yà
Malaysia

9 文莱
Wén lái
Brunei

10 新加坡
Xīn jiā pō
Singapore

11 印度尼西亚
Yìn dù ní xī yà
Indonesia

12 东帝汶
Dōng dì wèn
East Timor

30 我们打算到中国举行结婚典礼。
Wǒ men dǎ suàn dào Zhōng guó jǔ xíng jié hūn diǎn lǐ.
We intend to hold our wedding ceremony in China.

31 你是哪国人？ 我是美国人。
Nǐ shì nǎ guó rén? Wǒ shì Měi guó rén.
What country are you from? I am American.

13 世界七大洲
Shì jiè qī dà zhōu
Seven continents of the world

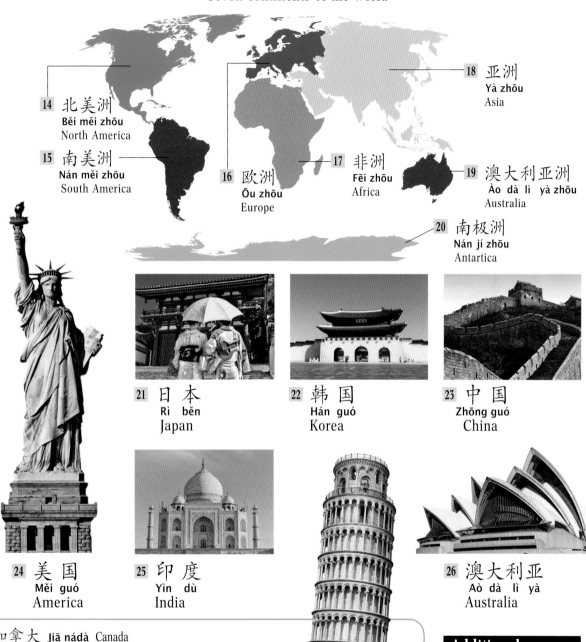

18 亚洲
Yà zhōu
Asia

14 北美洲
Běi měi zhōu
North America

15 南美洲
Nán měi zhōu
South America

16 欧洲
Ōu zhōu
Europe

17 非洲
Fēi zhōu
Africa

19 澳大利亚洲
Ào dà lì yà zhōu
Australia

20 南极洲
Nán jí zhōu
Antartica

21 日本
Rì běn
Japan

22 韩国
Hán guó
Korea

23 中国
Zhōng guó
China

24 美国
Měi guó
America

25 印度
Yìn dù
India

26 澳大利亚
Ào dà lì yà
Australia

27 意大利
Yì dà lì
Italy

加拿大 **Jiā nádà** Canada
丹麦 **Dān mài** Denmark
芬兰 **Fēn lán** Finland
德国 **Dé guó** Germany
大不列颠 **Dà bú liè diān** Great Britain
爱尔兰 **Ài' ěr lán** Ireland
卢森堡 **Lú sēn bǎo** Luxembourg
荷兰 **Hé lán** Netherlands
新西兰 **Xīn xī lán** New Zealand
挪威 **Nuó wēi** Norway

波兰 **Bō lán** Poland
俄国 **É guó** Russia
瑞典 **Ruì diǎn** Sweden
瑞士 **Ruì shì** Switzerland
梵谛冈 **Fàn dì gāng** Vatican

Additional Vocabulary

28 地球
dì qiú
globe

29 世界
shì jiè
world

73

外语
wài yǔ
33 Foreign languages

1 英语
Yīng yǔ
English

2 法语
Fǎ yǔ
French

3 俄语
É yǔ
Russian

4 德语
Dé yǔ
German

Guten Tag!

Ciao!

5 意大利语
Yì dà lì yǔ
Italian

¡Hola!

6 西班牙语
Xī bān yá yǔ
Spanish

Merhaba!

7 土耳其语
Tú ěr qí yǔ
Turkish

こんにちは

8 日语
Rì yǔ
Japanese

مرحبا

9 阿拉伯语
Ā lā bó yǔ
Arabic

Χαίρετε

 שלום

 Xin chào!

 สวัสดี

10 希腊语
Xī là yǔ
Greek

11 希伯来语
Xī bó lái yǔ
Hebrew

12 越南语
Yuè nán yǔ
Vietnamese

 नमस्ते

Apa kabar

13 北印度语
Běi yìn dù yǔ
Hindi

14 印尼语
Yìn ní yǔ
Indonesian

15 泰 语
Tài yǔ
Thai

Olá!

你好!

안녕하세요

 Kamusta

17 菲律宾语
Fēi lù bīn yǔ
Tagalog

18 葡萄牙语
Pú táo yá yǔ
Portuguese

19 华 语
Huá yǔ
Mandarin
Chinese

16 韩 语
Hán yǔ
Korean

20 你的母语是什么？
Nǐ de mǔ yǔ shì shén me?
What is your mother tongue?

21 你会讲多少种语言？
Nǐ huì jiǎng duō shǎo zhǒng yǔ yán?
How many languages do you speak?

你喜欢吃中国饭吗？
Nǐ xǐ huān chī Zhōng guó fàn ma?
Do you like Chinese food?

34

1 中 餐 馆
zhōng cān guǎn
Chinese restaurant

2 服 务 员
fú wù yuán
waiter; waitress

3 厨 师
chú shī
cook; chef

4 菜 单
cài dān
menu

5 点 心
diǎn xīn
dim sum

6 炒 饭
chǎo fàn
fried rice

7 面 包
miàn bāo
bread

8 筷 子
kuài zi
chopsticks

13 叉 子
chā zi
fork

14 刀 子
dāo zi
knife

9 碗
wǎn
bowl

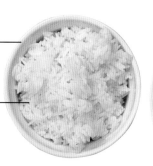

10 米 饭
mǐ fàn
cooked rice

12 盘 子
pán zi
plate

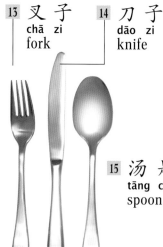

15 汤 匙
tāng chí
spoon

11 白 饭
bái fàn
white rice

16 饺子
jiǎo zi
boiled dumplings

17 凉菜
liáng cài
cold dish (appetizer)

18 包子
bāo zi
steamed bun

19 小笼包
xiǎo lóng bāo
steamed dumplings

20 北京烤鸭
Běi jīng kǎo yā
Peking duck

21 面条
miàn tiáo
noodles

22 清蒸鱼
qīng zhēng yú
steamed fish

23 宫保鸡丁
gōng bǎo jī dīng
kung pao chicken

24 麻婆豆腐
má pó dòu fǔ
mapo tofu

25 糖醋肉
táng cù ròu
sweet and sour pork

Additional Vocabulary

26 汤
tāng
soup

27 素菜
sù cài
vegetarian

28 点菜
diǎn cài
to order

29 选择
xuǎn zé
choice

30 特别
tè bié
special

31 除了
chú le
also; too

32 或者
huò zhě
perhaps

33 几乎
jī hū
almost

34 我们都喜欢吃中国菜。
Wǒ men dōu xǐ huān chī Zhōng guó cài.
Everyone likes to eat Chinese food.

35 今晚我请你吃饭。
Jīn wǎn wǒ qǐng nǐ chī fàn.
I'm inviting you for dinner tonight.

36 太好了，我想吃中国菜。
Tài hǎo le, wǒ xiǎng chī Zhōng guó cài.
That's great! I want to eat Chinese food.

37 小姐...
xiǎo jiě...
Miss...
(waitress)

77

受欢迎的西方食物
Shòu huān yíng de xī fāng shí wù

35 | Popular Western foods

1 热 狗
rè gǒu
hot dog

2 三明治／三文治
sān míng zhì / sān wén zhì
sandwich

3 披萨饼
pī sà bǐng
pizza

4 意大利面
yì dà lì miàn
pasta; spaghetti

5 甜甜圈
tián tian quān
donuts

6 法 棍
fǎ gùn
baguette

7 冰淇淋
bīng qí lín
ice cream

8 布丁
bù dīng
pudding

9 千层面
qiān céng miàn
lasagne

10 火 鸡
huǒ jī
turkey

11 苹果派
píng guǒ pài
apple pie

12 火 腿
huǒ tuǐ
ham

13 沙 拉
shā lā
salad

14 土豆泥
tǔ dòu ní
mashed
potatoes

15 牛 排
niú pái
steak

16 香 肠
xiāng cháng
sausage

17 西方式早餐
xī fāng shì zǎo cān
Western breakfast

18 水果汁
shuǐ guǒ zhī
fruit juice

19 咖啡
kā fēi
coffee

20 培根,
péi gēn,
腌肉
yān ròu
bacon;
smoked
ham

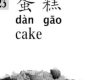

21 煎鸡蛋
jiān jī dàn
sunny side up eggs

22 多士
duō shì
toast

一些在中国受欢迎的快餐店
Yī xiē zài Zhōng guó shòu huān yíng de kuài cān diàn
Some popular fast food chains in China

星巴克
xīng bā kè
Starbucks

麦当劳
mài dāng láo
McDonald's

肯德基
kěn dé jī
Kentucky Fried
Chicken

必胜客
bì shèng kè
Pizza Hut

赛百味
sài bǎi wèi
Subway

哈根达斯
hā gēn dá sī
Haagen-Dazs

23 蛋糕
dàn gāo
cake

24 奶酪
nǎi lào
cheese

25 谷类
gǔ lèi
cereal

26 麦片
mài piàn
oatmeal;
rolled oats

Additional Vocabulary

29 西餐
xī cān
Western-style food

30 好吃
hǎo chī
tasty; delicious

31 烧烤
shāo kǎo
barbecue

32 烘烤
hōng kǎo
to roast; to bake

33 煎饼
jiān bǐng
pancakes

34 奶油
nǎi yóu
butter; cream

35 酸奶
suān nǎi
yogurt

36 番茄酱
fān qié jiàng
ketchup;
tomato sauce

37 麦当劳是中国受欢迎的快餐店。
Mài dāng láo shì Zhōng guó shòu huān yíng de kuài cān diàn.
McDonalds is a popular fast food restaurant in China.

38 小孩子们都喜欢吃汉堡包和薯条。
Xiǎo hái zi mén dōu xǐ huān chī hàn bǎo bāo hé shǔ tiáo.
All children like hamburgers and french fries.

39 你喜欢吃中餐还是西餐？
Nǐ xǐ huān chī zhōng cān hái shì xī cān?
Do you prefer Chinese food or Western food?

27 汉堡包
hàn bǎo bāo
hamburger

28 薯条
shǔ tiáo
french fries

79

饮料

Yǐn liào

36 Drinks

1 饮料
yǐn liào
beverage

2 矿泉水
kuàngquánshuǐ
mineral water

3 果汁
guǒ zhī
fruit juice

4 橙汁
chéng zhī
orange juice

5 牛奶
niú nǎi
milk

6 咖啡
kā fēi
coffee

7 茶
chá
tea

8 冰茶
bīng chá
iced tea

9 豆浆
dòu jiāng
soy milk

10 可乐
kě lè
cola

11 自来水
zì lái shuǐ
tap water

12 水
shuǐ
water

13 喝
hē
to drink

14 渴
kě
thirsty

15 无糖（低糖）饮料
wú táng　(dī táng)　yǐn liào
diet drinks

16 能量饮料
néng liàng yǐn liào
energy drinks

17 运动饮料
yùn dòng yǐn liào
sports drinks

19 红葡萄酒
hóng pú táo jiǔ
red wine

20 白葡萄酒
bái pú táo jiǔ
white wine

18 鸡尾酒
jī wěi jiǔ
cocktails

21 威士忌
wēi shì jì
whiskey

22 香槟酒
xiāng bīn jiǔ
Champagne

23 白酒
bái jiǔ
white spirit

24 黄酒
huáng jiǔ
yellow wine

25 茅台酒
máo tái jiǔ
maotai

26 啤酒
pí jiǔ
beer

Additional Vocabulary

27 苏打水
sū dǎ shuǐ
sodas

28 办公室饮水机
bàn gōng shì yǐn shuǐ jī
office water dispenser

29 热水
rè shuǐ
hot water

30 冷水
lěng shuǐ
cold water

35 人们每天应该喝多少杯水？
Rén men měi tiān yīng gāi hē duō shǎo bēi shuǐ?
How many glasses of water should people drink every day?

36 喝酒不开车。开车不喝酒。
Hē jiǔ bù kāi chē. Kāi chē bù hē jiǔ.
If you drive, don't drink. If you drink, don't drive.

37 我想喝点热的饮料。
Wǒ xiǎng hē diǎn rè de yǐn liào.
I want something hot to drink.

31 冰块
bīng kuài
ice cubes

33 杯子
bēi zi
glass; cup

32 冰水
bīng shuǐ
ice water

34 瓶子
píng zi
bottle

新鲜水果、坚果和谷物
Xīn xiān shuǐ guǒ, jiān guǒ hé gǔ wù
Fresh fruits, nuts and grains

1 苹果
píng guǒ
apple

2 芒果
máng guǒ
mango

3 橙子
chéng zi
orange

4 橘子
jú zi
mandarin
orange

5 梨
lí
pear

6 椰子
yē zi
coconut

7 香蕉
xiāng jiāo
banana

8 菠萝
bō luó
pineapple

9 桃
táo
peach

10 木瓜
mù guā
papaya

11 柠檬
níng méng
lemon

12 酸橙
suān chéng
lime

13 荔枝
lì zhī
lychee

14 龙眼
lóng yǎn
longan

15 草莓
cǎo méi
strawberry

16 葡萄
pú táo
grape

17 哈密瓜
hā mì guā
cantaloupe

18 柿子
shì zi
persimmon

19 西瓜
xī guā
watermelon

50 我最爱吃新鲜水果。
Wǒ zuì ài chī xīn xiān shuǐ guǒ.
I love to eat fresh fruits.

20 花 生
huā shēng
peanuts

21 核 桃
hé táo
walnuts

22 山 核 桃
shān hé táo
pecans

23 开 心 果
kāi xīn guǒ
pistachios

24 杏 仁
xìng rén
almonds

29 腰 果
yāo guǒ
cashew nuts

25 澳大利亚坚果
ào dà lì yà jiān guǒ
macadamia nuts

26 栗 子
lì zi
chestnuts

27 榛 子
zhēn zi
hazel nuts

28 松 子
sōng zi
pine nuts

40 谷 物
gǔ wù
grains; cereals

41 坚 果
jiān guǒ
nuts

30 南 瓜 子
nán guā zi
pumpkin seeds

31 西 瓜 子
xī guā zi
watermelon seeds

32 葵 花 子
kuí huā zi
sunflower seeds

33 芝 麻
zhī má
sesame seeds

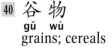

42 饼 干
bǐng gān
crackers

43 麦 片
mài piàn
oatmeal

44 干 果
gān guǒ
dried fruits

34 燕 麦
yàn mài
oats

35 大 麦
dà mài
barley

36 小 米
xiǎo mǐ
millet

37 荞 麦
qiáo mài
buckwheat

38 米
mǐ
rice

39 小 麦
xiǎo mài
wheat

45 豆 类
dòu lèi
beans

46 玉 米
yù mǐ
corn

47 面 粉
miàn fěn
flour

51 我可以再要一个没
Wǒ kě yǐ zài yào yī gè méi
有坚果的沙拉吗？
yǒu jiān guǒ de shā lā ma?
Can I have one more salad without nuts?

52 你喜欢什么坚果？
Nǐ xǐ huān shén me jiān guǒ?
What nuts do you like?

53 我喜欢腰果。你呢？
Wǒ xǐ huān yāo guǒ.　Nǐ ne?
I like cashew nuts. What about you?

54 我对坚果过敏。
Wǒ duì jiān guǒ guò mǐn.
I am allergic to nuts.

48 果 汁
guǒ zhī
fruit juice

49 过 敏
guò mǐn
to be allergic; allergy

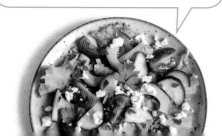

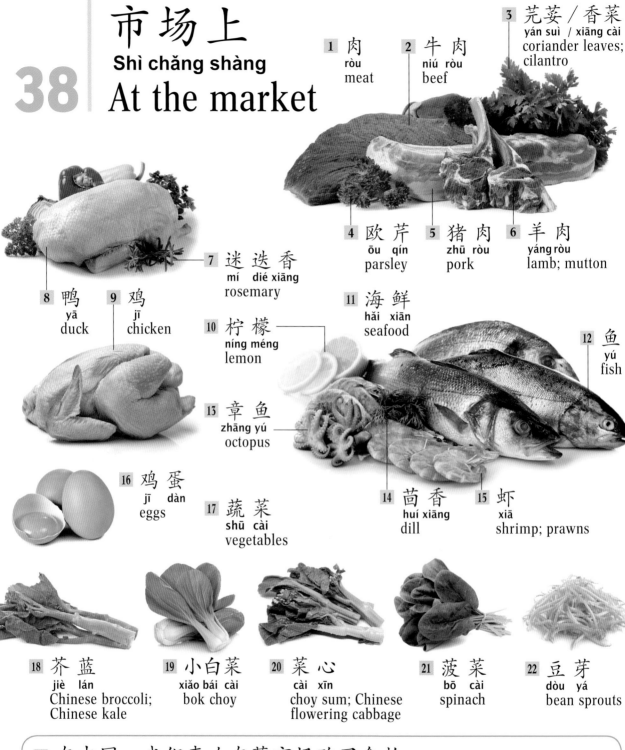

市场上
Shì chǎng shàng
At the market

38

1 肉
ròu
meat

2 牛肉
niú ròu
beef

3 芫荽／香菜
yán suì / xiāng cài
coriander leaves;
cilantro

4 欧芹
ōu qín
parsley

5 猪肉
zhū ròu
pork

6 羊肉
yáng ròu
lamb; mutton

7 迷迭香
mí dié xiāng
rosemary

8 鸭
yā
duck

9 鸡
jī
chicken

10 柠檬
níng méng
lemon

11 海鲜
hǎi xiān
seafood

12 鱼
yú
fish

13 章鱼
zhāng yú
octopus

16 鸡蛋
jī dàn
eggs

17 蔬菜
shū cài
vegetables

14 茴香
huí xiāng
dill

15 虾
xiā
shrimp; prawns

18 芥蓝
jiè lán
Chinese broccoli;
Chinese kale

19 小白菜
xiǎo bái cài
bok choy

20 菜心
cài xīn
choy sum; Chinese
flowering cabbage

21 菠菜
bō cài
spinach

22 豆芽
dòu yá
bean sprouts

59 在中国，我们喜欢在菜市场购买食物。
Zài Zhōng guó, wǒ men xǐ huān zài cài shì chǎng gòu mǎi shí wù.
In China, we like to buy our food at the local market.

60 那里的蔬菜和肉类都很新鲜。它比超市便宜一些。
Nà lǐ de shū cài hé ròu lèi dōu hěn xīn xiān. Tā bǐ chāo shì pián yi yì xiē.
The vegetables and meat are very fresh there. And it is slightly cheaper than the supermarket.

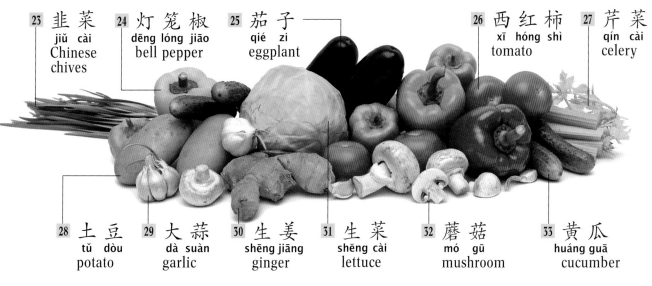

23 韭菜
jiǔ cài
Chinese chives

24 灯笼椒
dēng lóng jiāo
bell pepper

25 茄子
qié zi
eggplant

26 西红柿
xī hóng shì
tomato

27 芹菜
qín cài
celery

28 土豆
tǔ dòu
potato

29 大蒜
dà suàn
garlic

30 生姜
shēng jiāng
ginger

31 生菜
shēng cài
lettuce

32 蘑菇
mó gū
mushroom

33 黄瓜
huáng guā
cucumber

34 西兰花
xī lán huā
broccoli

35 胡萝卜
hú luó bo
carrot

36 洋葱
yáng cōng
onion

37 辣椒
là jiāo
chili peppers

38 青葱
qīng cōng
scallions; spring onions

39 冬瓜
dōng guā
winter melon

40 苦瓜
kǔ guā
bitter gourd

41 白菜
bái cài
Chinese cabbage

42 豆腐
dòu fǔ
tofu

Additional Vocabulary

43 市场
shì chǎng
market

44 高丽菜／卷心菜
gāo lì cài／
juǎn xīn cài
cabbage

45 花椰菜
huā yē cài
cauliflower

46 豆角
dòu jiǎo
green beans; string beans

47 南瓜
nán guā
pumpkin

48 芦笋
lú sǔn
asparagus

49 意大利青瓜
yì dà lì qīng guā
zucchini

50 九层塔
jiǔ céng tǎ
basil

51 牛至
niú zhì
oregano

52 鼠尾草
shǔ wěi cǎo
sage

53 百里香
bǎi lǐ xiāng
thyme

54 龙蒿
lóng hāo
tarragon

55 碎牛肉
suì niú ròu
ground/minced beef

56 碎猪肉
suì zhū ròu
ground/minced pork

57 肉类
ròu lèi
types of meat

58 新鲜
xīn xiān
fresh

61 调味料
tiáo wèi liào
seasonings

62 酱油
jiàng yóu
soy sauce

63 辣椒酱
là jiāo jiàng
chili sauce

64 芝麻油
zhī má yóu
sesame oil

65 橄榄油
gǎn lǎn yóu
olive oil

66 蚝油
háo yóu
oyster sauce

70 桂皮
guì pí
cinnamon

67 辣椒粉
là jiāo fěn
chili powder

68 胡椒粉
hú jiāo fěn
ground pepper

71 八角
bā jiǎo
star anise

69 盐
yán
salt

72 姜黄粉
jiàng huáng fěn
ground turmeric

Additional Vocabulary

73 豆瓣酱
dòu bàn jiàng
soybean paste

74 醋
cù
vinegar

75 糖
táng
sugar; candy

76 料酒
liào jiǔ
cooking wine

77 米酒
mǐ jiǔ
rice wine

78 米醋
mǐ cù
rice vinegar

79 五香粉
wǔ xiāng fěn
five-spice powder

80 味精
wèi jīng
monosodium glutamate (MSG)

81 咖喱粉
gā lí fěn
curry powder

82 淀粉
diàn fěn
starch

83 食油
shí yóu
cooking oil

84 花生油
huā shēng yóu
peanut oil

85 椰子油
yē zi yóu
coconut oil

86 棕榈油
zōng lǘ yóu
palm oil

87 一旦你拥有所有的配料，中国菜很容易做。
Yī dàn nǐ yǒng yǒu suǒ yǒu de pèi liào, Zhōng guó cài hěn róng yì zuò.
Chinese food is easy to cook once you have all the ingredients.

English-Chinese Index

hamburger 汉堡包 hàn bǎo bāo [35-27] 79

hand 手 shǒu [4-18] 17

happy 快乐 kuài lè [1-10] 10; 开心 kāi xīn [8-31] 25

Happy birthday! 生日快乐！shēng rì kuài lè! [18-35] 45

Happy New Year! 新年快乐！Xīn nián kuài lè! [18-38] 44

hat 帽子 mào zi [10-16] 28; [14-30] 37

have 有 yǒu [8-16] 25

have a shower 洗个澡 xǐ gè zǎo [6-28] 20

hazel nuts 榛子 zhēn zi [37-27] 83

head 头 tóu [4-1] 16

healthy 健康 jiàn kāng [30-28] 69; health [4-47] 17

heart 心脏 xīn zàng [4-32] 17

heart (shape) 心形 xīn xíng [7-23] 23

Hebrew (language) 希伯来语 Xī bó lái yǔ [33-11] 75

here 这儿 zhè er [13-2] 34

hexagon (shape) 六角形 liù jiǎo xíng [7-27] 23

high 高 gāo [8-28] 25

high speed train 高铁 gāo tiě [12-8] 32

highlighter 荧光笔 yíng guāng bǐ [19-19] 47

Hindi 北印度语 Běi yìn dù yǔ [33-13] 75

history 历史 lì shǐ [19-29] 47

hobby 兴趣 xìng qù [26-30] 61

home delivery 送货上门 sòng huò shàng mén [10-27] 29

homework 功课 gōng kè [19-27] 47

hope 希望 xī wàng [27-50] 63

horse 马 mǎ [29-15] 67

horse carriage 马车 mǎ chē [12-33] 33

hospital 医院 yī yuàn [27-1] 62

hot 热 rè [14-20] 37

hot dog 热狗 rè gǒu [35-1] 78

hot water 热水 rè shuǐ [36-29] 81

hot weather 天气炎热 tiān qì yán rè [14-21] 37

hotel 宾馆 bīn guǎn [11-1] 30; 旅馆 lǚ guǎn [11-20] 31; [31-1] 70

hotel reservation 旅馆预订 lǚ guǎn yù dìng [31-20] 71

hour 小时 xiǎo shí [15-1] 38

housefly 苍蝇 cāng yíng [29-25] 67

how (wonderful, etc.) 多么 duō me [29-32] 67

hungry 饿 è [8-19] 25

hurricane 飓风 jù fēng [14-38] 37

hurts 疼 téng [27-40] 63

husband 丈夫 zhàng fū [2-27] 12

husband and wife 夫妻 fū qī [2-14] 13

I

I; me 我 wǒ [2-20] 13

ice cream 冰淇淋 bīng qí lín [35-7] 80

ice cubes 冰块 bīng kuài [36-31] 81

ice water 冰水 bīng shuǐ [36-32] 81

ice-skating 滑冰 huá bīng [30-16] 69

iced tea 冰茶 bīng chá [36-8] 80

idiom 成语 chéng yǔ [21-20] 51

idle 闲 xián [8-8] 24

if 如果 rú guǒ [28-40] 65

illness 疾病 jí bìng [4-48] 17

immediately 马上 mǎ shàng [13-57] 35

important 重要 zhòng yào [27-51] 63

in a moment 一会儿 yí huì er [15-34] 39

in addition 而且 ér qiě [23-47] 55

in front 前面 qián miàn [13 14] 34

in the afternoon; p.m. 下午 xià wǔ [15-21] 39

in the morning; a.m. 上午 shàng wǔ [15-19] 39

index 索引/指数 suǒ yǐn/zhǐ shù [28-25] 65

India 印度 Yìn dù [32-25] 73

Indonesia 印度尼西亚 Yìn dù ní xī yà [32-11] 72

Indonesian (language) 印尼语 Yìn ní yǔ [33-14] 75

injection 打针 dǎ zhēn [27-7] 62

inside 里 lǐ [8-21] 25; 里面 lǐ miàn [13-34] 35

installment (payment) 分期付款 fēn qī fù kuǎn [9-35] 27

intelligent; clever 聪明 cōng míng [20-24] 49

interest 利息 lì xī [9-29] 27

Internet access 因特网接入 yīn tè wǎng jiē rù [23-28] 55

internet cafe 网吧 wǎng bā [24-4] 56

internet language 网络语言 wǎng luò yǔ yán [24-26] 56

internet slang 互联网俚语 hù lián wǎng lǐ yǔ [24-28] 56

intestines 肠 cháng [4-34] 17

introduce yourself 自我介绍 zì wǒ jiè shào [1-14] 11

it 它 tā [29-35] 67

Italy 意大利 Yì dà lì [32-27] 73

Italian (language) 意大利语 Yì dà lì yǔ [33-5] 74

J

January 一月 yī yuè [16-16] 41

Japan 日本 Rì běn [32-21] 73

Japanese (language) 日语 Rì yǔ [33-8] 74

jeans 牛仔裤 niú zǎi kù [10-9] 28

joyful 高兴 gāo xìng [1-11] 10

judge 法官 fǎ guān [25-2] 58

July 七月 qī yuè [16-22] 41

June 六月 liù yuè [16-21] 41

junior year in college 大三 dà sān [20-37] 49

K

karaoke 卡拉OK kǎ lā ok [26-11] 61

ketchup; tomato sauce 番茄酱 fān qié jiàng [35-36] 79

kettle 水壶 shuǐ hú [3-29] 15

keyboard 键盘 jiàn pán [23-5] 54

keys 钥匙 yào shi [3-5] 14

kidneys 肾脏 shèn zàng [4-33] 17

kilometer 公里 gōng lǐ [13-38] 35

kitchen 厨房 chú fáng [3-23] 15

knee 膝盖 xī gài [4-21] 17

knife 刀子 dāo zi [34-14] 77

Korea 韩国 Hán guó [32-22] 73

Korean (language) 韩语 Hán yǔ [33-16] 75

kung pao chicken 宫保鸡丁 gōng bǎo jī dīng [34-23] 77

L

L size 大号 dà hào [7-33] 23

laboratory 实验室 shí yàn shì [20-21] 49

laboratory test 化验 huà yàn [27-8] 62

lamb; mutton 羊肉 yáng ròu [38-6] 84

lamp 灯 dēng [3-7] 14

Lantern Festival 元宵节 yuán xiāo jié [18-7] 44

Laos 老挝 Lǎo wō [32-6] 72

laptop 笔记本电脑 bǐ jì běn diàn nǎo [23-6] 54

large 大 dà [7-35] 23

larger 更大 gèng dà [7-40] 23

lasagne 千层面 qiān céng miàn [35-9] 78

last month 上个月 shàng gè yuè [16-41] 41

last week 上个星期 shàng gè xīng qī [16-40] 41

last year 去年 qù nián [16-28] 41

later 之后 zhī hòu [15-27] 39

lawyer 律师 lǜ shī [25-1] 58

leap year 闰年 rùn nián [16-35] 41

lecture hall 讲堂 jiǎng táng [20-14] 48

left side 左边 zuǒ biān [13-29] 35

leg 腿 tuǐ [4-22] 17

leisure 休闲 xiū xián [6-34] 20

lemon 柠檬 níng méng [37-11] 82; [38-10] 84

less 少 shǎo [8-3] 24

lesson 课 kè [21-30] 51

letter 信 xìn [19-12] 46

lettuce 生菜 shēng cài [38-31] 85

level (of achievement) 水平 shuǐ píng [19-47] 47

library 图书馆 tú shū guǎn [20-3] 48

light color 浅色 qiǎn sè [7-16] 22

light switch 灯开关 dēng kāi guān [3-49] 14

lightning 闪电 shǎn diàn [14-12] 36

lime 酸橙 suān chéng [37-12] 82

linguistics 语言学 yǔ yán xué [21-29] 51

lion 狮子 shī zi [29-5] 66

lips 嘴唇 zuǐ chún [4-14] 16

literature 文学 wén xué [19-28] 47

liver 肝脏 gān zàng [4-35] 17

living room 客厅 kè tīng [3-1] 14

loan; credit 贷款 dài kuǎn [9-30] 27

long 长 cháng [8-9] 24

long distance call 长途电话 cháng tú diàn huà [24-31] 56

long-distance running 长跑 cháng pǎo [30-10] 68

longan 龙眼 lóng yǎn [37-14] 82

love 爱 ài [19-33] 47

low 低 dī [8-28] 25

luggage 行李 xíng lǐ [31-4] 70

lungs 肺 fèi [4-31] 17

lychee 荔枝 lì zhī [37-13] 82

M

M size 中号 zhōng hào [7-30] 23

macadamia nuts 澳大利亚坚果 ào dà lì yà jiān guǒ [37-28] 83

Malaysia 马来西亚 Mǎ lái xī yà [32-8] 72

main 主要 zhǔ yào [27-52] 63

male 男人 nán rén [2-1] 12

manager 经理 jīng lǐ [25-16] 58

Mandarin; the common language of the Chinese people 普通话 pǔ tōng huà [21-15] 51

Mandarin Chinese (language) 华语 Huá yǔ [33-19] 75

mandarin orange 橘子 jú zi [37-4] 82

mango 芒果 máng guǒ [37-2] 82

maotai 茅台酒 máo tái jiǔ [36-25] 81

map 地图 dì tú [31-2] 70

mapo tofu 麻婆豆腐 má pó dòu fǔ [34-34] 77

magazine 杂志 zá zhì [19-10] 46

March 三月 sān yuè [16-18] 41

marker pen 记号笔 jì hào bǐ [19-15] 47

market 市场 shì chǎng [38-43] 85

mashed potatoes 土豆泥 tǔ dòu ní [35-14] 78

mask 口罩/面具 kǒu zhào/miàn jù [28-29] 65

maternal grandfather 姥爷 lǎo yé [2-9] 13

maternal grandmother 姥姥 lǎo lao [2-10] 13

mathematics 数学 shù xué [19-4] 46

May 五月 wǔ yuè [16-20] 41

maybe 可能 kě néng [31-47] 71

meat 肉 ròu [38-1] 84

medicine 药 yào [27-15] 62

medium (size) 中 zhōng [7-36] 23

meaning 意思 yì si [21-10] 51

meter 米 mǐ [13-40] 35

method 办法 bàn fǎ [25-32] 59; [23-44] 55

menu 菜单 cài dān [34-4] 76

Merry Christmas! 圣诞节快乐！Shèng dàn jié kuài lè! [18-36] 45

Microsoft 微软 Wēi ruǎn [24-23] 57

microwave oven 微波炉 wēi bō lú [3-24] 15

Mid-Autumn Festival 中秋节 zhōng qiū jié [18-13] 44

middle; center 中间 zhōng jiān [13-28] 35

middle school 中学 zhōng xué [20-32] 49

Photo Credits

Published by Tuttle Publishing, an imprint of Periplus Editions (HK) Ltd

www.tuttlepublishing.com

ISBN: 978-0-8048-4569-4

27 26 25 24   10 9 8 7 6   2404EP
Printed in China

"Books to Span the East and West"

Tuttle Publishing was founded in 1832 in the small New England town of Rutland, Vermont [USA]. Our core values remain as strong today as they were then– to publish best-in-class books which bring people together one page at a time. In 1948, we established a publishing outpost in Japan–and Tuttle is now a leader in publishing English-language books about the arts, languages and cultures of Asia. The world has become a much smaller place today and Asia's economic and cultural influence has grown. Yet the need for meaningful dialogue and information about this diverse region has never been greater. Over the past seven decades, Tuttle has published thousands of books on subjects ranging from martial arts and paper crafts to language learning and literature–and our talented authors, illustrators, designers and photographers have won many prestigious awards. We welcome you to explore the wealth of information available on Asia at **www.tuttlepublishing.com**.

Distributed by

North America, Latin America & Europe
Tuttle Publishing
364 Innovation Drive
North Clarendon,
VT 05759-9436 U.S.A.
Tel: 1 (802) 773-8930
Fax: 1 (802) 773-6993
info@tuttlepublishing.com
www.tuttlepublishing.com

Japan
Tuttle Publishing
Yaekari Building, 3rd Floor
5-4-12 Osaki
Shinagawa-ku
Tokyo 141-0032
Tel: (81) 3 5437-0171
Fax: (81) 3 5437-0755
sales@tuttle.co.jp
www.tuttle.co.jp

Asia Pacific
Berkeley Books Pte. Ltd.
3 Kallang Sector #04-01/02
Singapore 349278
Tel: (65) 67412178
Fax: (65) 67412179
inquiries@periplus.com.sg
www.tuttlepublishing.com

TUTTLE PUBLISHING® is a registered trademark of Tuttle Publishing, a division of Periplus Editions (HK) Ltd.

The Online Audio files for pronunciation practice may be Downloaded.

To download the audios for this book, type the URL below into to your web browser.

http://www.tuttlepublishing.com/mandarin-chinese-picture-dictionary-downloadable-cd-content

For support, email us at info@tuttlepublishing.com

桃花
táo huā
peach blossoms

元宵节
yuán xiāo jié
Lantern Festival

桂皮
guì pí
cinnamon

八角
bā jiǎo
star anise

京戏
jīng xì
Beijing opera

二胡
èr hú
Chinese
2-string fiddle

筷子
kuài zi
chopsticks

母亲节
mǔ qīn jié
Mother's Day

高层建筑
gāo céng jiàn zhù
skyscraper